DREI WELTFORMELN

DREI WELTFORMELN
ELLIS POTTER

Aus dem Amerikanischen
von Ralf Hadersberger

Destinée Media

Copyright der deutschen Ausgabe © 2013 Ellis Potter

Das Werk, einschließlich aller Teile, ist urheberrechtlich geschützt. Jeder Verwertung außerhalb der engen Grenzen des Urheberrechtsgesetztes ist ohne Zustimmung des Verlags unzulässig und strafbar. Das gilt insbesondere für Vervielfältigungen, Übersetzungen, Mikroverfilmungen und die Einspeicherung und Verarbeitung in elektronischen Systemen. Ausnahmen sind kurze Zitate innerhalb von kritischen Diskussionen und Buchrezensionen. Weitere Informationen: info@destineemedia.com

Angemessene Sorgfalt wurde aufgewendet, um Originalquellen und Copyright-Inhaber aufzuzeigen. Sollte eine Zuordnung falsch oder unvollständig sein, bittet der Verlag um schriftliche Dokumentation, um zukünftige Auflagen korrigieren zu können.

Verlag: Destinée Media
www.destineemedia.com

Englischer Originaltitel: 3 Theories of Everything
Übersetzung: Ralf Hadersberger
Design, Typographie: Katharine Wolff
Diagramme: Ellis Potter
Karikatur des Autors: Andrzej Bednarczyk

Copyright © 2012 Ellis Potter

ISBN 978-1-938367-12-0

Einleitung

Der erste Kreis
    Die New Age Bewegung
    Das Erleben der „Einsheit"
    Der Kreislauf des Lebens
    Meditation und Sprache
    Das Nichts des Zen

Der zweite Kreis

Der dritte Kreis
    Das Problem mit den Gegensätzen
    Humpty Dumpty

    Sich auf einer Brücke verlieben
    Sich der Schwerkraft widersetzen
    Wandel, Zeit und Ewigkeit
    Ich und wir
    Du musst jemandem dienen
    Schau, Papi, schau!

    Ein schwarzes Loch im Herzen
    Die Lösung
    Auf den Punkt gebracht

45 Fragen
    Diskussionsthemen und die Antworten von Ellis Potter

Für

Mary

meine

Frau

o o o

Als ich ein Junge war, stellte ich die Art von Fragen, die viele Kinder stellen. Kinder möchten wissen, wie weit „weit" ist oder wie klein denn „klein" ist. Sie möchten vor allem wissen, *warum?* Ich bin nie erwachsen geworden. Ich stelle immer noch diese Fragen, absolute Fragen, über das Leben an sich. Ich möchte wissen, wie die Wirklichkeit aussieht, wenn man bis auf den Grund und hinaus an die Ränder denkt. Ich möchte wissen, was Dinge im letztendlichen und absoluten Kontext bedeuten. Es kann schwer sein, über absolute Fragen nachzugrübeln, weil sie deine tiefsten Überzeugungen anfechten können. Sie können bedrohlich sein. Aber es ist aufregend, absolute Fragen zu stellen. Ich glaube es ist gesund. Falls du erwachsen bist, hoffe ich, dass du wieder wie ein Kind werden kannst.

Kleine Kinder beginnen ihr Leben in der Hoffnung und dem Vertrauen, dass die Wirklichkeit Sinn macht. Sie glauben, dass Mama und Papa allwissend sind – ein Glaube, der im Laufe der Kindheit zerstört wird. Es endet dann so wie mit dem Nikolaus. Wenn sie erwachsen sind, haben die meisten Menschen die Hoffnung und das Vertrauen verloren, dass alles zusammenpasst. Ihr Konzept der Realität schrumpft zusammen zu einer kleinen kulturell geprägten Sichtweise, zu Selbstschutz und Kontrolle oder zu Gleichgültigkeit. Sie leben in einer kleinen Realität, denn die große Realität, die absolute Realität, ist zu schwierig.

Absolut ist eine Kategorie, die so groß ist, dass alles hineinpasst und nichts mehr übrigbleibt. Die Kategorie *absolute Realität* beinhaltet alles, was existiert. Sie ist eine Weltformel. Viele Leute denken, dass es nichts Absolutes gibt und sagen, „es gibt absolut nichts Absolutes". Diese Aussage ist jedoch problematisch, denn wenn sie absolut wahr ist, muss sie absolut falsch sein.

Ich glaube, dass die Existenz von Absoluten sehr wahrscheinlich ist, aber sehr unbequem und unliebsam für unser Ego. Heutzutage gefällt es den meisten Menschen, *nicht* an Absolute zu glauben. Denn wenn es wahre Absolute gibt, dann sind wir dem Absoluten gegenüber verantwortlich. Wenn es wahre Absolute außerhalb von uns selbst gibt, erfinden wir uns nicht selbst. Andererseits sind wir frei, falls es keine Absolute gibt. Wir erfinden uns selbst und die Bedeutung aller Dinge ergibt sich aus unserer Reaktion darauf. Diese Idee ist offensichtlich ziemlich attraktiv. Sie bedeutet auch, dass wir aufhören können, Fragen zu stellen.

Aber einige Menschen stellen weiterhin Fragen. Sie möchten wissen, um was es im Leben wirklich geht. Welchen Sinn alles ergibt. Sie suchen nach Wahrheit. Sie möchten sich nicht einfach nur „einpassen" in ihre Kultur oder glauben, was ihre Eltern ihnen beigebracht haben. Sie möchten wissen, was echt und wahr ist und es ist ihnen egal, was dabei herauskommt. Wenn es Bedeutungslosigkeit und Tod ist, soll es so sein. Wenn es bedeutungsvoll und glorreich ist, soll es so sein. Und so stellen sie weiterhin Fragen bis auf den Grund und hinaus an die Ränder der Realität, in der Hoffnung, zur Wahrheit zu gelangen, zur *absoluten* Wahrheit – egal ob es darin Hoffnung gibt oder nicht.

DIE DREI KREISE

Als ich nach Absoluten suchte, entdeckte ich, dass es davon nicht viele gibt. Ich glaube, dass es letzten Endes nur drei gibt: Monismus, Dualismus und Trinitarismus. Diese unterscheiden sich ziemlich voneinander, auch wenn sie einiges gemeinsam haben. Vor allem die Endung *–ismus*. Sie zeigt an, dass, was immer vor der Endsilbe – *ismus* steht, das Zentrum der Realität und das Maß aller Dinge ist. Wenn Wissenschaft das Maß aller Dinge ist, ergibt das „Wissenschafts-Ismus". Wenn der Mensch das Maß aller Dinge ist, ergibt das Humanismus. In Bezug auf Weltanschauung gibt es somit *Eins-Ismus*, *Zwei-Ismus* und *Drei-Ismus*.

Das Wichtigste, was diese drei Weltanschauungen gemeinsam haben, ist ihre Sicht von der Geschichte der Realität. Sie alle haben das Verständnis, dass es einen perfekten Anfang gab und dann etwas schief ging, so dass wir jetzt in einer Situation leben, wie sie nicht vorgesehen war. Wir leiden. Wir sind entfremdet. Wir plagen uns. Wir fühlen uns verwirrt. Wir möchten, dass alles wieder in Ordnung kommt. Gibt es irgendjemanden, der sich niemals darüber beschwert hat, wie es in der Welt zugeht? Sehr wenige Menschen glauben, alles sei perfekt in dieser Welt und die meisten von ihnen tun nur so als ob, sind irregeführt oder lesen nie die Nachrichten. Ich denke es ist normal, sich zu beschweren, weil die Dinge offensichtlich nicht in Ordnung sind. Es ist verständlich, wenn Menschen möchten, dass alles wieder in Ordnung gebracht wird.

Die westliche Tradition des Denkens geht davon aus, dass das Konzept „Einmal war alles perfekt und jetzt muss es wieder in Ordnung gebracht werden" die biblische Sicht der Geschichte darstellt. Am Anfang schuf ein perfekter Gott eine perfekte Schöpfung und perfekte Menschen, und dann lief etwas schief. Es kam zu Rebellion, Sünde und Egoismus. Das Ergebnis: die Welt ist nicht mehr in Ordnung, wir leiden und wir erwarten, dass alles in Christus wieder in Ordnung gebracht wird. Diese Bewegung kann in abstrakter Weise so ausgedrückt werden:

vollkommen – unvollkommen – vollkommen

Oder besser sogar:

zuhause – fern – wieder zuhause

In anderen Worten: es ist ein Muster des Nachhausekommens, des Fernseins auf einer Reise und des Zurückkommens an den Ort, an dem man begonnen hat – und das normalerweise verändert. Man sieht dieses Muster in großen Erzählungen wie Homers Odyssee und findet es in der meisten Musik, seien es einfache Volkslieder oder die a-b-a Struktur der Wiener Sonatenform. Musik und Erzählung sind deshalb so kraftvoll, weil sie im Mikrokosmos die Grundstruktur des Universums darstellen.

Nun, wenn wir erkennen, dass die Welt nicht in Ordnung ist, wäre eine wichtige Frage: Wie sah die Realität aus, als sie perfekt war? Wenn wir die Antwort darauf kennen, bekommen wir eine bessere Vorstellung davon, was falsch ist und was wir dagegen tun können. Wenn wir die Antwort nicht kennen, können wir nur sagen, „autsch, es tut mir weh." Erinnerst du dich an René Descartes? Es war Descartes, der sagte: „Ich denke, darum bin ich." Ich würde eher sagen: „Mir tut's weh, darum bin ich." Ich denke, das kommt näher an unsere Erfahrung heran.

Es gibt eine zweifelhafte Anekdote über Descartes: Er ging einmal in eine Bar und bestellte sich ein Bier. Nachdem er es ausgetrunken hatte, fragte ihn der Ober: „Möchten sie noch eines?" Descartes antwortete: „Ach, ich denke nicht." – und löste sich in Luft auf.

Ich aber bezweifle, dass wir verschwinden würden, wenn wir aufhörten zu denken. Wir würden immer noch existieren. Wir würden immer noch fühlen. Wir würden weiterhin leiden. Es gibt Menschen, die tatsächlich schmerzhafte Erfahrungen suchen, damit sie das Gefühl haben, am Leben zu sein. Sie ritzen und durchstechen sich mit Klingen und Nadeln, weil sie dadurch spüren, dass sie existieren. Dies ist keine gute Lösung für das Problem des Leidens, aber wir können die Verzweiflung nachempfinden und den dahinterliegenden Fingerzeig auf die Wahrheit anerkennen. In einer unvollkommenen Welt sind „Am Leben sein" und „Schmerz fühlen" miteinander verwoben. Sie sind ineinander verschlungen wie ein Knoten. Gibt es irgendeine Möglichkeit, diesen Knoten zu lösen? Gibt es so etwas wie Existenz ohne Schmerz? Was ist die Lösung für das Problem des Leidens?

Monismus, Dualismus und Trinitarismus stimmen darin überein, dass die Realität zu Beginn vollkommen war. Aber sie stimmen nicht über das Wesen dieser Vollkommenheit und die Ursachen des Leidens überein und was es bedeutet, die ursprüngliche Vollkommenheit wiederherzustellen. Anders ausgedrückt, bietet jede Weltanschauung eine einzigartige Lösung, eine einzigartige Hoffnung für das Problem des Leidens an. Wir können Monismus, Dualismus und Trinitarismus repräsentieren, indem wir einen Kreis auf drei unterschiedliche Weisen darstellen.

Der erste Kreis

Monsieur

Wir wollen mit dem Monismus beginnen. Monismus ist nicht das gleiche wie Monotheismus. Monotheismus ist der Glaube an einen Gott, aber Monismus ist der Glaube an ein *Eins* – einer totalen Einheit, die die Grundlage von allem ist. Das ist etwas völlig anderes. Wenn du an einen Gott glaubst, dann gibt es Gott und *nicht* Gott. Aber wenn du an ein *Eins* glaubst, hast du nur Einheit oder *Alles ist Eins*.

Monismus ist eine sehr alte Weltanschauung. Sie entstand wahrscheinlich, als sich Menschen in der Welt umschauten und eine starke Einheit wahrnahmen. Es gibt eine Erde, einen Himmel, einen Mond, eine Menschheit, einen Tag-und-Nacht-Kreislauf, einen Jahreszeitenzyklus. Gleichzeitig sahen die Menschen Vielfältigkeit. Sie sahen Unterschiede. Die beobachteten Einheiten waren beständig und verlässlich, die beobachteten Unterschiede aber waren unbeständig und unzuverlässig. Monismus behauptet, dass die ursprüngliche Perfektion eine vollkommene, unwandelbare, ewige Einheit ist. Wir leiden, weil wir diese ursprüngliche Einheit vergessen haben und in einer Illusion der Vielfalt leben. Diese Illusion mag uns sehr real erscheinen, doch nichtsdestotrotz ist es Illusion. Laut Monismus besteht die Lösung für das Leiden darin, sich der vollkommenen Einheit wieder zu erinnern und sie zu erkennen.

Monismus ist die zentrale Idee hinter der New Age Bewegung. Hast du von der New Age Bewegung gehört? Eigentlich wird sie langsam etwas alt. Das „New Age" wurde etwa vor fünfzig Jahren, zur Zeit der Hippies, populär. Es holt seine Inspiration aus der Astrologie. Es gibt zwölf Abschnitte im astrologischen Tierkreis. Die Geschichte bewegt sich von einem Abschnitt zum nächsten, wie der Zeiger einer Uhr. Wir bewegen uns jetzt vom Fischzeitalter, symbolisiert von zwei entgegengesetzt schwimmenden Fischen, zum Zeitalter des Wassermanns, dem Wasserträger, bei dem alles zusammenfließt. Wir bewegen uns vom Zeitalter der Opposition zum Zeitalter des Zusammenfließens. Und wenn alles zusammenfließt, gibt es eine Zunahme von Frieden und Toleranz und der Erkenntnis, dass alles eins ist. *Alles ist Eins!* ist der Autoaufkleber der New Age Bewegung. Dies ist der markige Spruch, der große evangelistische Ausruf. *Alles ist Eins.* Wenn alles Eins ist, bist du Gott. Du bist die Sonne und der Mond und die Milchstrasse und das ganze Universum. Wenn alles Eins ist und du ein Glas Wasser trinkst, dann bist du Gott, der Gott in Gott schüttet. „Alles ist Eins" ist deswegen so attraktiv, weil es keine Uneinigkeit geben kann, niemand streiten, missverstehen und einsam sein kann, wenn alles eins ist. Wenn alles eins ist, sind alle Probleme gelöst. Vielleicht gefällt dir dieser Gedanke ja irgendwie auch. Doch, wenn alles eins ist, dann bist du ich – und das ist dann vielleicht nicht mehr so attraktiv. Wenn alles eins ist, sind Beziehungen schlecht, denn du hast nur Beziehungen, wenn du die Illusion von

Unterschiedlichkeit hast. Wenn alles eins ist, ist Hass schlecht, weil Hass Beziehung ist, und Liebe ist auch schlecht, weil Liebe Beziehung ist.

Manche Leute neigen dazu, gegen diese Argumentation zu protestieren, da sie das Konzept von Liebe und Beziehung nicht aufgeben wollen. Aber Monismus ist eine absolute Weltanschauung, die alles umfasst. Daher kannst du dir nicht einfach herauspicken, was dir passt, um bestimmte Teile der Realität anders zu betrachten oder separat zu halten. Alles ist eins. Nichts wird ausgenommen, nichts ist abgespalten und alles ist absolut vereinigt.

Der Elefant des New Age

Eine bekannte Geschichte aus dem New Age, die das Konzept des „Alles ist Eins" symbolisiert, ist die Geschichte vom Elefanten. Der Elefant ist ein Symbol für absolute Wahrheit und die Menschen werden durch Blinde repräsentiert, die versuchen, diese Wahrheit zu entdecken, indem sie den Elefanten anfassen. Für mich macht es durchaus Sinn, dass in der Geschichte ein Wahrheits-Elefant vorkommt und nicht ein Wahrheits-Häschen. Ein Hase ist etwas, das du in deine Arme schließen kannst. Ein Elefant ist zu groß. Du kannst ihn nicht umfassen und dadurch erkennen. Mit anderen Worten: Absolute Wahrheit ist *größer*, als ich es bin. Es macht auch Sinn, dass es sich um Blinde handelt, weil wir alle gewissermaßen blind sind.

In dieser Geschichte findet nun der erste Blinde den Schwanz des Elefanten und stellt fest: „Ah, der Elefant ist wie ein Seil." Die nächste blinde Person findet ein Bein und sagt: „ Nein, der Elefant ist wie ein Baum." Der dritte Blinde findet den Rüssel und sagt: „Nein, nein, der Elefant ist wie ein Schlauch." Der Vierte schließlich berührt die Seite und meint: „ Nein, nein, der Elefant ist wie eine Mauer." Es gibt nur einen Elefanten, aber die Menschen nehmen ihn sehr unterschiedlich wahr.

Der Elefant ist zu groß für sie, um ihn zu umarmen und ihn komplett zu erfassen. Somit sind sie mit einer Wahl konfrontiert. Eine Wahlmöglichkeit wäre, an die Gültigkeit der eigenen Wahrnehmung des Elefanten zu glauben, und überzeugt zu sein, dass die anderen alle falsch liegen, deswegen zu streiten, zu kämpfen und einander umzubringen. Die andere Möglichkeit ist, die Glaubensreisen gegenseitig zu respektieren und zu erkennen, *dass jede* Erfahrung eine Wahrnehmung des Elefanten ist. Und somit sollten wir in Frieden und Toleranz zusammen leben. Was ist die bessere Wahl?

Vielleicht steckst du in der Zwickmühle. Einerseits möchtest du sagen, dass jedermanns Konzept von der Wahrheit gleich wahr ist. Andererseits aber möchtest du sagen, dass wir streiten, kämpfen und uns gegenseitig umbringen sollten. Ich habe diese Geschichte einmal in den Vereinigten Staaten erzählt und tatsächlich meldete sich ein junger Mann und meinte: „gegenseitig umbringen." In dieser Reaktion liegt eine gewisse ehrliche Logik, aber die meisten Menschen (sogar die meisten Amerikaner) würden nicht denken, dass das die beste Lösung wäre.

Du kannst, nebenbei bemerkt, erkennen, dass die Geschichte in eine Sackgasse führt. Man bleibt stecken, ohne rechte Alternative, außer der Schlussfolgerung, dass jeder ein kleines Stück Wahrheit hat und keines dieser Stücke mehr Wert besitzt.

Aber stimmt irgendetwas nicht mit dem Elefanten? Wenn ich in meinen Gesprächsrunden diese Frage stelle, konzentrieren sich die Leute meistens auf die Probleme, die es mit den Blinden gibt. Sie heben vielleicht hervor, dass diese ihre Wahrnehmungen nicht zusammenführen oder dass sie eben blind oder zu klein sind. Das sind sicherlich Probleme, aber wie steht's mit dem Elefanten?

Beachte, dass die Menschen in der Geschichte aktiv und mitteilsam sind, aber der Elefant nicht. Er ist passiv und still. Er steht zur Verfügung, er versteckt sich nicht, aber er kommt nicht zu den Menschen, die hungrig danach sind, ihn kennenzulernen. Du siehst also, dass in der Elefantengeschichte die absolute Wahrheit – der Elefant – weniger komplex ist als die Einzelteile – die Menschen. Macht das Sinn? Würden wir das von der absoluten Wahrheit erwarten? Was denkst du?

Eine weitere New Age Geschichte, welche die Idee des „Alles ist Eins" zum Ausdruck bringt, handelt von einem Wassertropfen. Ein Tropfen Wasser hat viele Probleme. Er ist einsam. Er hat Angst vor dem Verdunsten. Er ist frustriert, denn Wasser dient dazu, dass Fische darin schwimmen können. Aber der Wassertropfen ist zu klein dafür, dass irgendjemand darin schwimmen kann. Die Lösung für sein Problem ist, zurück ins Meer zu gehen und mit Allem eins zu werden. Dann lacht der Wassertropfen nur über die Verdunstung und ist niemals allein und die Fische schwimmen in ihm. Mit dieser Geschichte bringt man Kindern die Bedeutung von Erleuchtung bei.

Das Erleben der „Einsheit"

Das Konzept des „Alles ist Eins" gründet sich in altertümlichen Versionen des Monismus. Es ist die Grundlage von Hinduismus und Buddhismus, der beiden großen monistischen Religionen. Der Gründer des Buddhismus war Siddharta Gautama. Er meditierte vierzig Tage und vierzig Nächte unter einer Pappelfeige, und war danach erleuchtet. Er öffnete seine Augen und sah den Planeten Venus am Horizont. Er wusste, dass er erleuchtet war, weil er wusste, dass er sich selbst betrachtete. Wenn alles eins ist, bin ich der Planet Venus. Wenn alles eins ist, bist du Gott.

Eines Nachmittags, als ich als Jugendlicher Yoga und buddhistische Meditation praktizierte, machte ich eine unvergessliche Erfahrung. Ich selbst hatte die genau gleiche Größe wie das gesamte Universum. Diese Erfahrung hielt ungefähr fünfzehn Minuten an. Und obwohl sie sehr intensiv war, führte sie zu keiner tieferen Veränderung, denn sonst würde sie nicht zu einer bloßen Erinnerung verblasst sein. Für eine zutiefst erleuchtete Person ist eine solche Erfahrung ständige Realität.

Es gibt viele unterschiedliche Formen des Buddhismus und die Menschen in der westlichen Welt sind grundsätzlich davon fasziniert. Ich glaube jedoch, dass wir nur die oberflächlichen Einzelheiten von etwas ähnlichem wie Buddhismus kennen, ohne wirklich zu den grundlegenden Prinzipien vorzudringen. Ich möchte hier nicht von den Details sprechen, sondern mich auf die grundlegenden Prinzipien konzentrieren.

Im Buddhismus gibt es vier geistliche Gesetze. Man nennt sie „*Die Vier edlen Wahrheiten*". Die erste edle Wahrheit ist das Gesetz des Leidens. Das Gesetz des Leidens besagt, dass alles leidet. Jeder, ob aus Ost oder West, kann dem zustimmen.

Die zweite edle Wahrheit ist das Gesetz von der Ursache des Leidens. Die Ursache des Leidens sind Wünsche oder Begehren. Wenn du begehrst, leidest du. Du hast keinen Frieden. Begehren wird verursacht durch Beziehungen. Wenn ich dich zum Beispiel treffe und dann mit dir spreche, wünsche ich mir, dass du mich magst und verstehst. Aber das tust du vielleicht nicht. Als Resultat leide ich – vielleicht nicht furchtbar, aber ich leide. Aber eigentlich ist es noch schlimmer, denn auch wenn du mich magst und verstehst, wird es mich weiterhin danach verlangen, gemocht und verstanden zu werden. Und so kann ich nie wirklich dem Begehren und dem dadurch verursachten Leiden entfliehen. Gemäss dem Buddhismus verursacht jede Form von Begehren Leiden

– sei es das Begehren gemocht zu werden oder reich, klug oder schön zu sein.

Bei der dritten edlen Wahrheit geht es um das Gesetz vom Aufhören des Leidens, indem man aufhört zu begehren. Dazu folgendes Beispiel: Wenn ich Zahnschmerzen habe und mir wünsche, dass der Schmerz aufhört, dieser jedoch nicht aufhört, leide ich. Habe ich aber Zahnschmerzen und wünsche mir *nicht*, dass der Schmerz aufhört und er auch nicht aufhört, leide ich nicht. Ich bin frei. Du siehst, der Schmerz ist da, aber wenn ich erkenne, dass ich der Schmerz bin, leide ich nicht. Meine Erfahrung ist nicht, *ich habe Schmerzen*, sondern *Schmerz ist*.

Die vierte edle Wahrheit ist ein Acht-Schritte Therapieprogramm, um das Ziel zu erreichen, Begehren zu beenden. Das Programm hat einen besonderen Namen: „Der Achtfältige Pfad". Kennst du das Zwölf-Schritte Programm der anonymen Alkoholiker zur Überwindung der Alkoholsucht? Vielleicht hast du auch von anderen Schritte-Programmen gehört, die zu Gesundheit führen und einem helfen sollen, mit unterschiedlichsten Schwierigkeiten fertig zu werden. Der Achtfältige Pfad, den Buddha entwickelte, ist wahrscheinlich das original „Schritte-Programm". Beachte auch, dass „fältig" ein besseres Wort als „Schritt" ist. Bei Schritten verlässt du Schritt eins, wenn du Schritt zwei machst. Hast du aber „Falten", wie Falten eines Stück Papiers, dann wird zu der Entwicklung hinzugefügt und sie aufgebaut, bis du alle acht Falten hast.

Der Achtfältige Pfad beginnt mit praktischen Angelegenheiten, wie die richtige Art Dinge zu sehen, richtiges Denken beziehungsweise Wollen, richtige Handlungen und richtige Sprache, der richtige Weg ein Einkommen zu verdienen, richtige Anstrengung, richtige Aufmerksamkeit, richtige Konzentration. Dann fügt es größere Teile der Realität hinzu, wie das Übernatürliche, die Erkenntnis, das Bewusstsein und danach Meditation und das Buddha-Bewusstsein.

In ihrem Buch *Asiatische Weisheit* beschreibt Nancy Wilson Ross den Prozess folgendermaßen: Zuerst musst du klar sehen, was falsch ist. Dann musst du dich dafür entscheiden, geheilt zu werden. Dann musst du handeln und sprechen, so als ob du eine Heilung anstrebst. Dein Lebensunterhalt darf deine Therapie nicht stören. Deine Therapie muss stetig voranschreiten, so schnell wie möglich, aber nicht zu schnell. Du musst ständig daran denken und lernen, mit tiefem Geist darüber nachzusinnen.

Der Kreislauf des Lebens

Die absolute Einheit der gesamten Realität zu erkennen, ist ein langer Prozess. Viele Menschen finden bald heraus, dass es unvernünftig ist zu erwarten, ein Leben würde für diesen Prozess ausreichen. An dieser Stelle wird die Lehre *der Reinkarnation* notwendig. Reinkarnation ist das Konzept, dass wir nach unserem Tod in ein anderes Leben auf der Erde hineingeboren werden, wieder leben und sterben, um dann erneut wiedergeboren zu werden. Indem wir das tun, arbeiten wir uns durch unser *Karma*. Karma funktioniert nach einem „Ursache-Wirkungs-Gesetz". Was immer wir in unserem Leben tun, erzeugt Auswirkungen, die ausbalanciert werden müssen. Dieses Ausbalancieren geschieht oft im nächsten Leben. Wenn wir zum Beispiel jemanden in diesem Leben töten, dann kann es sein, dass wir im nächsten Leben getötet werden, oder dass wir uns selbst dafür hingeben, Leben zu retten.

Reinkarnation kann für Tausende von Lebensspannen weitergehen. Im Westen neigen wir dazu, dies optimistisch zu betrachten, vielleicht weil wir von Natur aus positiv veranlagt sind. Wir denken, „Ah, du bekommst noch mal eine weitere Chance! Das ist gut! Vielleicht werde ich das nächste Mal als König wiedergeboren!" Aber in Asien wird die Reinkarnation nicht als Segen betrachtet. Es ist vielmehr ein Fluch, immer wieder in ein Leben des Leidens hineingeboren zu werden. Das Ziel von Buddhismus und auch Hinduismus ist es nicht, wiedergeboren zu werden, sondern das Wiedergeborenwerden zu beenden.

Wenn ein Christ einem Buddhisten oder Hindu sagt, dass sie *wiedergeboren* werden müssen, werden diese erwidern: „Oh ja, ich weiß – und immer und immer wieder!" Wiedergeborensein klingt für Buddhisten und Hindus nicht nach einer guten Nachricht.

Es gibt ein Wort, das Buddhisten und Hindus benutzen, um die Illusion der Realität zu beschreiben. Dieses Wort ist *Maya*. Im Maya gefangen zu sein, ist wie in einem schlimmen Traum stecken zu bleiben. Dieser Traum ist schmerzhaft, beängstigend und unbequem, aber nicht real. Was ist die Lösung für einen schlimmen Traum? Aufwachen. Erwachen ist das wahre Erkennen der Realität. Man nennt dies auch *Erleuchtung*. Es bedeutet Aufwachen vom Albtraum der Vielfalt, hinein in die vollständige Erkenntnis der perfekten Einheit. Dies ist das Evangelium des Monismus. Dies ist die Erlösung im Monismus. Sie ist kraftvoll, absolut und zutiefst einladend. Als ehemaliger buddhistischer Mönch anerkenne ich diese Weltanschauung und ihre starke Anziehungskraft selbst heute noch.

Meditation und Sprache

Um sich bei Buddhismus, Hinduismus und anderen monistischen Religionen in Richtung Erlösung zu bewegen, sind Methoden erforderlich. Die vorherrschende Methode ist die *Meditation*. Im Westen denken die Menschen manchmal, dass Meditation konzentriertes Denken ist. Im Osten bedeutet es das nicht. Meditation ist dort eher eine Methode, um Gedanken zu *stoppen*. Das Denken muss aufhören, weil Denken etwas Analytisches und Beziehungsmäßiges ist. Denken hält uns im Netz des Maya, in der Illusion von Unterschied und Vielfalt gefangen. Es hält uns davon ab zu realisieren, dass es keine Beziehungen gibt, wenn alles Eins ist. Es gibt nur vollkommene Einheit.

Meditation hat kein Ziel und beinhaltet keine Logik. Sie bedeutet *sein*. Wenn du ein Ziel hast, dann hast du eine Beziehung zu diesem Ziel. Meditation hilft uns nicht, ein Ziel zu haben, sondern das Ziel zu *sein*. Es gibt verschiedene Arten von Meditation und viele davon sind ziemlich therapeutisch. Übst du unterschiedliche Meditationsarten regelmäßig aus, wirst du dich entspannter und fokussierter fühlen. Dein Stressniveau wird sich verringern, dein Blutdruck wird sich senken, die Alphawellen deines Gehirns werden zunehmen, deine Konzentrationsfähigkeit wird steigen, dein Blut wird sauerstoffreicher sein, dein Schlafbedürfnis wird abnehmen und du wirst vielleicht länger leben. Meditation ist schwierig, aber sie bewirkt echten Nutzen.

Leute, die Meditation praktizieren, sind keine Masochisten. Sie sind Menschen wie andere auch. Sie möchten, dass es ihnen besser geht und sie sich besser fühlen. Sie möchten ihr Leben verbessern und gesünder sein.

Neben dem praktischen Nutzen ist der grundsätzliche Antrieb zur Meditation, Erleuchtung zu erlangen. Um das zu erreichen, braucht es viele Lebensspannen. Im Hinduismus wird der Prozess der Reinkarnation durch ein sich stetig drehendes Rad von Geburt und Tod symbolisiert – du wirst ins Leiden hineingeboren und stirbst, und dann wirst du wieder ins Leiden hineingeboren und stirbst. Der Zweck von Meditation ist, dich von der ständigen Drehung des Rades zu befreien.

Nun wirst du aber nicht frei, indem du vom Rand des Rades fliegst, sondern indem du ins Zentrum gelangst. *Sich zentrieren ist* in der Meditation sehr wichtig. Denk mal an das Zentrum eines Rades von einem Auto oder einem Fahrrad. Was genau ist dieses Zentrum? Die Achse. Was ist das Zentrum der Achse? Ein Punkt. Und was ist ein Punkt? Nichts. Sogar in der physikalischen Realität ist im Zentrum des Zentrums des Zentrums, zwischen den Molekülen, Atomen, Gluonen, Elektronen und Protonen nichts. Dieses Nichts dreht sich nicht mit dem Rad. Das Nichts ist befreit vom Drehen. Wenn du durch deine Meditation dieses absolute Nichts erreichst, dann realisierst du das absolute Alles. Dann hast du absolute Freiheit erlangt. Du bist vollständig erleuchtet. Du wirst zu Allem, wenn du Nichts wirst.

Eine der gebräuchlichsten Methoden der Meditation ist *das Mantra*. Beim Mantra geht es um die Wiederholung von Worten, die Bedeutung haben. Zuerst werden sie laut wiederholt, dann innerlich. Durch genug Wiederholung werden sie zu einer Schwingung und übersteigen ihre Bedeutung. Diese wird feiner und feiner, bis du schließlich mit jedem Atom des Universums mitschwingst. Die ganze physikalische Materie schwingt, da die Elektronen ihre Umlaufbahnen wechseln. Wenn du diese Schwingung realisierst, vereinigst du dich mit der gesamten physikalischen Materie des Kosmos und wirst eins mit Allem. Aus diesem Gedanken kommt das New-Age-Konzept der „good vibes" (guten Schwingungen). Gute Schwingungen sind die Schwingungen der Erlösung, die Schwingungen der Einheit in der gesamten Realität. Der Sinn des Mantra ist nicht Anbetung, auch wenn manchmal religiöse Worte verwendet werden. Anbetung hat mit Beziehung zu tun und funktioniert durch Unterschiedlichkeit. Das Ziel des Mantra ist, von Unterschiedlichkeit und Beziehung befreit zu werden und die Einheit des Ganzen zu erkennen. Aus diesem Grund ist das Ziel der Mantra-Meditation die Zerstörung der Sprache. Denn Sprache beinhaltet Beziehungen zwischen unterschiedlichen Dingen. Um erlöst zu werden und totale Einheit zu erlangen, musst Sprache zerstört werden.

Es gibt eine Vielzahl von Mantras. Ein einfaches und eines der gebräuchlichsten beinhaltet die Wiederholung des Wortes *OM*. Ich erinnere mich daran, wie ich es im Kloster skandierte. Dabei atmest du drei Mal pro Minute. Du entleerst und füllst deine Lungen vollständig. Wenn du dann richtig im Fluss bist, scheint es keine Bewegung mehr zu geben. Du weißt nicht, ob du ein- oder ausatmest. Du weißt nicht, ob es Geräusche gibt oder ob Stille herrscht. Alles wird eins.

In meinen Gesprächsrunden zeige ich gewöhnlich ein oder zwei OMs, um den Leuten eine Ahnung zu vermitteln, wie das klingt. Einmal kam nachher ein Philosophieprofessor auf mich zu und sagte: „Als du das OM vorgezeigt hast, spürte ich etwas in mir, etwas Großes. Ich möchte das verstehen können." Ich entgegnete: „Man kann das nicht verstehen. Es verstehen würde heißen, eine Beziehung dazu zu haben und darum geht es nicht beim OM. Es geht darum, eins mit dem OM zu werden."

Der ganze Text lautet *om mani padme hum* und bedeutet „Lob sei dem Kleinod in der Lotusblüte". Lotusblüten wachsen im Schlamm unter Wasser und vermehren sich durch Schösslinge. Manche Arten haben keine Samen, einen langen Stamm und treten durch die Wasseroberfläche hervor.

Wenn du eine Buddhastatue siehst, achte auf den Sockel und du wirst kleine Lotusblütenblätter erkennen. Dies ist ein sehr wichtiges Bild für den Buddhismus. Die Lotusblüte hat Hunderte von Blättern. Zieht man die Blütenblätter auseinander und kommt zum Zentrum, was erhält man dann? Nichts. Das ist das Kleinod der Lotusblüte. Diese Veranschaulichung ist schön und kraftvoll. Buddhismus mag vielleicht nicht perfekt sein, aber auf jeden Fall ist er nicht dumm oder hässlich.

Ein komplexeres Mantra lautet *gate gate paragate parasamgate bodhi svaha*. Es bedeutet „vergangen, vergangen, vergangen jenseits Jenseits, Lob sei dem Kleinod der Lotusblüte". Wiederhole diese Worte jeden Morgen zehn Mal und dein Leben wird sich verändern. Ich kann dir nicht sagen in welcher Weise, aber du wirst sehr wahrscheinlich etwas erleben. Poesie und Symbolismus dahinter sind kraftvoll. Wenn ich diese Worte höre, können mir immer noch die Tränen kommen.

Das Nichts des Zen

Es gibt viele Arten des Buddhismus wie Mahayana, Theravada, Tantrisch, Lamaistisch, Nichiren-shu, den Reines-Land-Buddhismus und andere. Vertreter jeder Richtung würden dir sagen: „Unsere Art des Buddhismus ist der ursprüngliche, wahre Buddhismus." Im Westen haben wir die gleiche Situation. Es gibt viele Leute die glauben, dass Gott Lutheraner ist, aber wir wissen, dass er Baptist ist. Buddhisten haben keine Probleme, die Christen nicht auch haben.

Weiter oben habe ich bereits erwähnt, dass ich buddhistischer Mönch war, aber genaugenommen war ich ein Zen-Buddhist Mönch. Somit kann ich sagen, dass der Zen-Buddhismus der ursprüngliche, wahre Buddhismus ist. Auf gewisse Art ist Zen wirklich speziell. Die Menschen, die ihn praktizieren, glauben an das *Nichts*. Sie sind keine *Monisten*, sie sind „*Nichts-Isten*". Dabei handelt es sich nicht um ein negatives, sondern um ein positives Nichts. Zen fragt: Wenn alles auf Eins reduzierbar ist, auf was ist dann Eins reduzierbar? Diese Frage ähnelt der Frage, die von existenzialistischen Philosophen gestellt wird: Warum gibt es überhaupt etwas? Warum gibt es Existenz?

Zen beantwortet diese Frage nicht mit Worten oder logischen Schlüssen, sondern mit erfahrungsgemäßer Erkenntnis. Lass mich versuchen, dir eine Ahnung vom Nichts des Zen zu vermitteln. Nehmen wir an, du sagst: „Es ist möglich, dass es heute Abend regnen wird." Diese Möglichkeit ist real und sie ist nichts. Du kannst sie nicht messen, du kannst sie nicht wiegen, du kannst nicht wissen, welche Farbe sie hat. Sie ist nichts. Genauso ist alles, was ist – jeder Gegenstand, jeder Gedanke, jedes Gefühl, jede Handlung – möglich. Gott ist möglich, der Teufel ist möglich, die Erde ist möglich, du bist möglich und ich bin möglich – und doch sind alle diese Möglichkeiten nichts. Möglichkeit ist die Mutter von allem.

Möglichkeit ist hier nicht das gleiche wie Wahrscheinlichkeit. Wahrscheinlichkeit ist etwas, das du beschreiben und messen kannst, Möglichkeit jedoch nicht. Eine der tiefsten Wahrheiten des Buddhismus ist: *Buddha ist Möglichkeit.* Im Sanskrit sagt man, er ist *Tathata,* oder *Solchheit,* oder undifferenzierte Qualität. Der Shakyamuni Siddartha Gautama wird auch Tathagata genannt, was soviel bedeutet wie die *Fleischwerdung der undifferenzierten Qualität.*

Ich habe bei einem Zen-Meister studiert. Er ist über hundert Jahre alt und lehrt immer noch. Er schrieb ein Buch mit dem Titel *Buddha ist das Schwerkraftzentrum.* Dieser Titel passt gut für ein Buch über Zen. Jedes Objekt hat ein Schwerkraftzentrum. Dein Körper, ein Lastwagen, ein Schiff, ein Gebäude – einfach alles. Aber kannst du das Schwerkraftzentrum beschreiben? Welche Farbe hat es? Welche Form? Wie viel wiegt es? Das

Schwerkraftzentrum kann mit solchen Begriffen nicht beschrieben werden, da es nur ein theoretischer Punkt ist. In diesem Sinne ist es nichts. Aber es ist wesentlich. Du kannst an Buddha denken als das wesentliche Nichts – oder anders ausgedrückt, als das wesentliche zentrale schwangere Nichts.

Im Zen sagt man: "Wenn du den Buddha siehst, töte ihn." Das bedeutet, *dass, sobald du die Idee hast, absolute Realität sei außerhalb von dir selbst, du diesen Gedanken loswerden musst.* Wie du siehst, kannst du nicht irgendeine Vorstellung von Buddha haben. Du kannst nicht an ihn, als goldbemalten fetten Kerl im Chinarestaurant denken. Du kannst auch nicht an ihn als einen der stehenden, sitzenden oder liegenden Buddhas denken. Auch nicht als einen der schlanken Buddhas oder der jungen oder alten Buddhas. Du darfst den Buddha nicht sehen. Du musst der Buddha *sein*. Und du darfst nicht der Buddha *werden*, weil du schon immer der Buddha *bist*. Du musst erwachen und die Buddha-Natur realisieren. Dann gibt es Erlösung.

Nun habe ich dir eine kurze buddhistische Predigt gehalten. Ich weiß nicht, ob sich dadurch irgendwer bekehren wird. Ich hoffe, dass du die Kraft und Hoffnung verstehen kannst, die dieser Weltanschauung zugrunde liegen. Und dass du verstehst, warum gesunde und intelligente Menschen sich ihr widmen. Sie sind nicht verrückt. Es gibt viele liebenswerte Menschen, die sich diesem Konzept der Realität verschrieben haben.

Der zweite Kreis

Decalin

Da ich nicht wirklich lange in diesem zweiten Kreis gelebt habe, kann ich von ihm keinen echten Insider-Einblick geben. Obwohl er als „Weltformel" in Denken und Glauben vieler Menschen breite Verwendung findet, ist er nicht so total absolut wie der erste und der dritte Kreis.

Dieser zweite Kreis, oder zumindest eine Version davon, ist in Korea als *Umyang* bekannt. Leute aus dem Westen sind mehr mit dem chinesischen Ausdruck *Yin* und *Yang* vertraut. Yin bedeutet *dunkel* und Yang *hell* und sie symbolisieren das Konzept, dass die absolute Realität aus Gegensätzen im Gleichgewicht besteht. Vielleicht erkennst du dieses Konzept auch in Verbindung mit Taoismus und Konfuzianismus. Es taucht auch bei anderen Religionen und Philosophien auf und ist ein gutes Symbol für den Dualismus.

Es ist nicht schwer zu erkennen, wie diese Sicht der Realität entstanden sein mag. Wenn wir uns in der Welt umschauen, beobachten wir viele Gegensätze als Teil unserer Erfahrung: hell – dunkel, heiß – kalt, hart – weich, Behagen – Schmerz, scharf – stumpf, auf – ab, süß – bitter, nass – trocken, männlich – weiblich. Dem Dualismus liegt der Gedanke zugrunde, dass das Leben gut ist, wenn Gegensätze in echtem Gleichgewicht sind oder sich miteinander in Harmonie befinden. Andererseits leiden wir, wenn Ungleichgewicht oder Disharmonie herrschen.

Wenn das Wetter zum Beispiel zu trocken ist, leiden wir. Ist das Wetter zu feucht, leiden wir. Ist deine Persönlichkeit zu extrovertiert, leidest du. Bist du zu introvertiert, leidest du. Wenn wir aufgrund von Unausgewogenheiten leiden, dann besteht die Erlösung im zweiten Kreis aus der Wiederherstellung des Gleichgewichtes. Die ursprüngliche Vollkommenheit ist eine perfekte Ausgewogenheit oder Harmonie zwischen gleichwertigen Gegensätzen.

Im Laufe der Geschichte brachte die dualistische Weltanschauung eine Reihe von Therapien und Übungen hervor, die helfen sollen, in verschiedenen Bereichen des Lebens Gleichgewicht herzustellen. Bereiche wie Verhalten, Familie und Gesellschaft, Vergangenheit und Gegenwart.

Der Ahnenkult ist ein Beispiel für das Letztgenannte. Harmonie erreicht man, wenn lebende und in der Gegenwart existierende Menschen toten und in der Vergangenheit existierenden Menschen Respekt zollen. Die gleiche Harmonie kann erzielt werden, wenn junge Menschen, die fast ausschließlich in der Gegenwart leben, alten Menschen, die eher in der Vergangenheit leben, Respekt erweisen. Ebenso sind jüngere Menschen stärker als alte. Das Gleichgewicht zwischen beiden wird abermals durch Respekt erwirkt – der Stärkere erweist dem Schwächeren Respekt. Diese Art Strategie mag nicht immer perfekt funktionieren, aber sie kann Ordnung in eine Gesellschaft bringen.

Dualismus hat auch Ansätze in Architektur und Raumgestaltung durch ein System der Ästhetik – bekannt als *Feng Shui* – beeinflusst. Um in dein Wohnzimmer Harmonie zu bringen, hast du dort vielleicht einen dunkleren Teppich, um Yin-Energie anzuregen und hellere Wände, um Yang-Energie anzuregen. Das Gesamtergebnis wäre eine Balance zwischen gegensätzlichen Energien und ein besseres Wohlbefinden für die im Raum befindlichen Menschen.

Die meisten Strategien und therapeutischen Techniken des zweiten Kreises sind wahrscheinlich zu einem gewissen Grad wirksam. Sie machen das Leben besser. Sie reduzieren Leiden. Sie führen auch zu andersartigen Ansätzen im Falle von Gesundheitsproblemen. Unser Gesundheitswesen im Westen gründet sich typischerweise auf Pharmakologie und Chirurgie. Diese Art der Behandlung ist gewöhnlich *gegen* etwas – gegen Fieber, gegen Tumore und so weiter. Im Osten beschäftigt sich die Gesundheitspflege mit der Ernährung und der Umwelt und versucht die verschiedenen Elemente unseres Körpers und der Umwelt miteinander in Einklang zu bringen. Westliches Gesundheitswesen konzentriert sich auf das Lösen von Problemen. Östliches Gesundheitswesen konzentriert sich auf die Prävention von Problemen. Beide Ansätze können wirksam sein – Menschen aus Asien leben nicht kürzer oder ungesünder als Menschen im Westen – auch wenn die im Osten verwendeten Methoden für den, dem sie nicht vertraut sind komisch oder dubios erscheinen. Obwohl es oft großes Misstrauen zwischen Menschen aus unterschiedlichen Weltanschauungen gibt, wäre es vielleicht gut, die Weisheit von Ost und West auf gewisse Weise zu kombinieren.

Im Jahr 1975 war ich für kurze Zeit Teil einer Makrobiotischen Gemeinschaft in der Nähe von Boston. Diese Gemeinschaft hatte sich ganz der Idee verschrieben, Gesundheit und Wohlergehen durch Ausgewogenheit von „Yin- und Yang-Nahrungsmitteln" zu erlangen. Die *Yin* Seite beinhaltet weich, dunkel, süß, freundlich und weiblich. Die Yang Seite ist hart, hell, bitter, streng und männlich. Die Ernährungsweise der meisten Menschen ist zu *yin* mit einer Gewichtung auf Zucker, Fett, Sahne und Alkohol. Um Gleichgewicht zu erreichen, muss man Yang-Nahrung, wie Naturreis, Schwarzwurzel, grüne Blätter und Seetang essen. Irgendwie lebte ich immer in der Angst davor, zu einem Treffen mit Mundgeruch nach Karamelleis zu erscheinen. Die Leute dort erzählten mir davon, dass der Gründer im Alter krank wurde. Nachdem er lange über die möglichen Gründe nachgedacht hatte, kam er zum Schluss, dass sein Ernährungsplan zu Yang war, wovon bisher noch nie jemand gehört hatte. Er wechselte dann für kurze Zeit zu einer Diät bestehend aus Whiskey und Eiscreme, die zu helfen schien. Wir müssen uns mit den unerwarteten und überraschenden Dingen im Leben auseinandersetzen, anstatt sie zu verleugnen.

Dualistisches Denken hatte großen Einfluss auf Kunst, Kultur, Philosophie und Politik. Denken wir nur an die dualistische Grundlage der Hegel'schen und Marx'schen Dialektik, mit ihrer These und Antithese, die durch die Revolution dynamisch interagieren und sich zum Ende, d.h. zur Synthese des Kommunismus bewegen. Diese Konzepte wurden über Jahrzehnte hin im großen Stil ausprobiert, jedoch erwiesen sie sich am Ende des zwanzigsten Jahrhundersts als funktionsuntüchtig. Ich habe den Eindruck, dass Kommunismus sehr religiös ist, da er Glauben an die Vision des Propheten (Marx, Lenin, Mao, Stalin) erfordert. Nur durch die priesterliche oder prophetische Vision des Propheten kann man wissen, welche Richtung die Dynamik der Revolution einschlagen wird. Es hat sich erwiesen, dass die Visionen der kommunistischen Propheten nicht der Realität entsprachen.

Es gibt viele Beispiele für die dualistische Weltanschauung aus dem Bereich der Kunst. Eines der bekanntesten aus dem Bereich Film ist die „Star Wars - Serie". Bei *Star Wars* geht es um einen Konflikt zwischen den Kräften des Lichts – in den Originalfilmen symbolisiert durch Luke Skywalker – und den Kräften der Finsternis – symbolisiert durch Darth Vader. Die Lösung und Auflösung der Spannung zwischen diesen beiden gegnerischen Elementen ist *die Kraft* oder eine universelle Energie, die die Quelle von allem ist und sowohl eine helle als auch eine dunkle Seite beinhaltet. Es gibt jedoch ein Problem mit der Kraft als total vereinendes

Element. Denn im *Star Wars* - Film triumphiert das Licht schlussendlich über die Finsternis. Mit anderen Worten: obwohl die Weltanschauung des Filmes dualistisch ist, ist der Schluss nicht-dualistisch.

Obwohl Dualismus unsere Geschichte durchdrungen hat und in ein paar praktische Anwendungen bezüglich Gesundheit und ausgewogenem Leben mündete, gibt es einige Probleme mit dem zweiten Kreis. Eines davon ist, dass er nicht absolut zu sein scheint. Was ist der Gegensatz zu einem Fluss? Eine Wüste unterscheidet sich sehr von einem Fluss, aber ist sie ein Gegensatz? Was ist der Gegensatz zu Zeit? Zeit die rückwärts läuft? Ewigkeit? Es gibt viele Unterschiedlichkeiten, aber nicht alles hat einen klaren Gegensatz. Irgendwie ist dieses Absolut vielleicht doch nicht wirklich absolut. Es lässt einige Dinge aus - und so beginne ich, den Dualismus als eine ausreichende Weltformel in Frage zu stellen.

Eine weitere Schwierigkeit ist, dass der zweite Kreis alles beinhalten muss, wenn er wirklich absolut sein soll. Er muss sowohl Freundlichkeit als auch Grausamkeit beinhalten, sowohl Gut und Böse. Wenn jedoch Gut und Böse in ein Gleichgewicht gebracht werden müssen, kann es keinen Sieg geben. Denn sobald es Sieg gibt, herrscht Ungleichgewicht. Das Ziel ist Harmonie, nicht Sieg.

Die westliche Tradition hat lange behauptet, dass es sich bei Gut und Böse nicht um gleichwertige Gegensätze handelt. Am Anfang war das Gute und im ursprünglichen Kontext des Guten entstand das Böse. Von dieser Sichtweise her kann das Böse nicht ohne das Gute existieren, aber das Gute ohne das Böse. Die meisten Menschen hoffen, dass das Gute das Böse überwindet, dass Freundlichkeit Grausamkeit überwindet, dass Liebe Hass überwindet. Aber die dualistische Weltanschauung lässt dafür keinen Raum.

Und letztlich birgt der zweite Kreis das Problem, dass die Harmonie der Gegensätze statisch ist, wenn sie vollkommen und absolut hergestellt ist. Nichts bewegt sich. Falls sich etwas bewegt, wird die Vollkommenheit zerstört. Ist es vollkommen, ist es absolut unbewegt und wenn es unbewegt ist, ist es grundsätzlich Monismus – eine Einheit. Es stellt sich heraus, dass der zweite Kreis eher der erste Kreis ist und nicht eine komplett unterschiedliche und separate Weltanschauung.

Der dritte Kreis

Trinitarian

Wir können den dritten Kreis, Trinitarismus, mit zwei Herangehensweisen erkunden. Bei der ersten schauen wir uns in der alltäglichen Realität um und fragen: Was könnte die Ursache dieser Realität sein? Die zweite Herangehensweise verwendet eine der grundlegenden Quellen der westlichen Weltanschauung, die Bibel, um herauszufinden, was sie über die Realität zu sagen hat.

Der erste Ansatz wird *natürliche* Theologie genannt. Er beinhaltet die Dinge, die wir durch alltägliche Beobachtung und Wissenschaft lernen. Der zweite Ansatz nennt sich *offenbarte* Theologie. Offenbarte Theologie sagt uns Dinge über die Realität, die wir nicht aufgrund von alltäglicher Beobachtung und Wissenschaft herausfinden können. Unglücklicherweise werden diese beiden Ansätze, natürliche und offenbarte Theologie, oft gesehen, als wären sie im Wettstreit miteinander. Es gibt Leute auf der einen Seite der Extreme, die darauf bestehen, dass man die Realität nur durch menschliche Beobachtung und systematische Beweisführung verstehen kann. Und dann gibt es Menschen auf der anderen Seite, die extrem argwöhnisch gegenüber der Wissenschaft eingestellt sind und sich fast ausschließlich auf die Bibel stützen. Ich glaube, auf rechte Weise verstanden, ergänzen sich diese beiden Ansätze. Gemeinsam helfen sie uns, unsere Sicht der Realität zu bereichern. Aus diesem Grund werde ich bei der Erkundung des dritten Kreises von beiden Gebrauch machen.

Das Problem mit den Gegensätzen

Gemäss dem dritten Kreis entdecken wir, wenn wir uns in der Welt umschauen, sowohl Einheit als auch Vielfalt. Insofern geht es uns so wie den Menschen im ersten Kreis. Aber während die Menschen im ersten Kreis schlussfolgern, dass Einheit gut ist, aber Vielfalt nicht, und dass Einheit real und Vielfalt eine Illusion ist, haben die Menschen im dritten Kreis eine andere Perspektive. Sie betrachten die ursprüngliche Perfektion, genannt Gott, als sowohl vollkommen vereinigt als auch vollkommen vielfältig.

In der Bibel sehen wir eine klare Beschreibung dieser Realität. Gott ist vollkommen vereinigt als ein Gott, und doch ist Gott vollkommen vielfältig in den drei Personen Vater, Sohn und Heiliger Geist. Es gibt Einheit und Vielfalt in der absoluten Realität. Es handelt sich nicht um einen Gott, der sich auf drei Arten zeigt, um den Anschein von Vielfalt zu erzeugen. Und es handelt sich nicht um drei Personen, die es vorziehen, sich zu vereinen und zusammenzuarbeiten, um den Anschein einer Einheit zu erzeugen. Die ursprüngliche Realität ist 100% vereinigt und 100% vielfältig. Es handelt sich um eine 200-prozentige Realität, die nicht durch einfache Logik erfasst werden kann.

Ich habe ein Sprichwort erfunden, um das Wesen dieser Realität aufzuzeigen: *Gott allein ist Gott, und Gott ist nicht allein.* Diese Aussage kann man über keinen anderen Gott oder eine ursprüngliche Perfektion machen. Man kann sagen, *Buddha allein ist Buddha,* aber mehr nicht. Der Rest ist Stille. Man kann sagen, *Krishna allein ist Krishna* und *Allah allein ist Allah,* aber der Rest ist wiederum Stille. Wenn der Gott des dritten Kreises mit jemanden sprechen will, spricht er innerhalb seiner selbst, da er drei Personen ist. Ein Gott, der nicht vielfältig ist, könnte innerhalb seiner selbst nicht sprechen. Er müsste etwas anderes erschaffen, womit er reden könnte. Damit er ein personaler Gott sein kann, erfordert es eine Schöpfung. Der Gott des dritten Kreises hingegen ist an sich inhärent personal, unabhängig von seiner Schöpfung. Seine Schöpfung vervollständigt ihn nicht, stattdessen bringt sie ihn zum Ausdruck.

Wenn die ursprüngliche Perfektion sowohl Einheit als auch Vielfalt ist, bedeutet dies, dass es weder ein Problem sein sollte, wenn wir Einheit in der Realität erleben, noch wenn wir Vielfalt in der Realität erleben. Mit anderen Worten, der dritte Kreis erachtet Vielfalt nicht als Ursache des Leidens und eine Loslösung von der Vielfalt nicht als Lösung für das Leiden, wie das der Monismus tut. Ebenso versucht der dritte Kreis nicht, das Leiden durch das Ausbalancieren von Gegensätzen aufzulösen, wie der Dualismus. Stattdessen erkennt der dritte Kreis Variation und Kontrast als Teile der ursprünglichen Perfektion an und daher sind sie ein normaler Teil der Realität selbst.

Neben Einheit und Vielfalt wird Gottes Schöpfung auch auf andere Weise als eine 200-prozentige Realität dargestellt.

Die Ehe zum Beispiel ist eines der Abbilder der Realität, die in der Bibel beschrieben werden. Wir sehen diese Realität zu Beginn der Bibel, im ersten Buch Mose, als Gott Adam und Eva zusammenbringt. Und wir sehen es am Ende der Bibel wieder, beim Hochzeitsmahl des Lammes im Buch der Offenbarung. Ist nun die Ehe mehr männlich oder weiblich? Die meisten Menschen würden sagen, dass es beides gleichermaßen ist. Heißt das, es ist 50 zu 50? Nein, denn wenn man die Frau aus der Ehe entfernt, bleibt nicht die halbe Ehe übrig. Man hat gar nichts. Die Ehe ist 100% Frau und 100% Mann. Sie ist eine neue Realität, eine 200-prozentige Realität, und die beinhaltet Dimensionalität und Geheimnis.

Das scheint seltsam zu sein, aber die alten Hebräer dachten anders als die Menschen der europäischen Aufklärung und die meisten Menschen heutzutage. Wir neigen dazu, uns die Realität in Form von flachen Kuchendiagrammen vorzustellen, bei denen das Ganze in separate Teile, die zusammen 100% ergeben, aufgeteilt werden kann. Wir können diese Realität in Einheit und Vielfalt aufteilen, oder wir können sie aufteilen in Bezug auf andere „schwierige" Gegensätze, wie Objektivität und Subjektivität oder Vorherbestimmung und Freier Wille. Aber ein Kuchendiagramm wird uns keine solide Lösung für diese Arten von Gegensätzen bringen

Nehmen wir das Beispiel Vorherbestimmung und Freier Wille. Wählt Gott mich, oder wähle ich Gott? Ich könnte nun das Kuchendiagramm mit 50% zu 50% aufteilen. Aber dann denke ich, dass ich Gott nicht ebenbürtig sein sollte. Sollte ich es dann vielleicht nicht besser auf 51% Gott und 49% Ich abändern? Und weiter, sollte es vielleicht 99% Gott und 1% Ich sein, oder vielleicht 100% Gott und 0% Ich, oder vielleicht 100% Ich und Gott macht gerade Urlaub? Nichts von alldem ist natürlich befriedigend. Das Kuchendiagramm funktioniert nicht. Der dritte Kreis erachtet Gott als 100% souverän und die Menschen als 100% verantwortlich. Beide, Gottes Souveränität und der Freie Wille der Menschen sind vollständig real. In dieser geheimnisvollen Ergänzung küssen sich Calvin und Arminius.

Eine weitere Weise, wie man sich den dritten Kreis vorstellen kann, ist in Bezug auf physikalische Dimensionen. Stell Dir Gottes Souveränität als 100% einer zweidimensionalen Fläche und den Freien Willen als 100% einer weiteren zweidimensionalen Fläche vor. Wenn sich diese beiden flachen Scheiben, wie abgebildet schneiden, erhält man eine dritte Dimension, die beide Elemente in einer dreidimensionalen ergänzenden Realität enthält.

Innerhalb dieser Schnittverbindung gibt es keinen Wettstreit oder Widerspruch von Gegensätzen. Sie passen in einer einzigen und komplementären Realität zusammen. Ich denke, es ist passend, dass ein Gott, der aus drei Personen besteht, eine Realität erschafft, die aus mindestens drei Dimensionen besteht.

Humpty Dumpty

Wenn du findest, dass das Konzept von Dimensionen zu trocken und zu geometrisch ist, können wir das Ganze auch mit *Humpty Dumpty* zum Ausdruck bringen. Kennst du Humpty Dumpty? Er war ein englisches Ei. Ich weiß nicht, ob er ein gutes oder ein schlechtes Ei war. Sicherlich aber war er ein tiefsinniges Ei. Humpty Dumpty repräsentiert jeden. Dieses Gute-Nacht-Gedicht erzählt uns, dass Humpty Dumpty auf einer Mauer saß. Eine Mauer hat zwei Seiten. Da ist die Objektiv-Seite und die Subjektiv-Seite. Da gibt es die Vorherbestimmungs-Seite und die Seite des freien Willens und viele andere Gegensätze, welche die Realität ausmachen. Humpty Dumpty fiel von der Mauer. Aber an welcher Seite fiel er hinunter? An der Objektiv-Seite oder an der Subjektiv-Seite? An der Vorherbestimmungs-Seite oder an der Seite des freien Willens? Das wissen wir nicht. Es spielt keine Rolle. Er fiel, und egal an welcher Seite dieser Trennungen du herunterfällst, hat es verheerende Folgen, denn du brauchst beide Seiten für die Realität. Wenn du an einer Seite herunterfällst bist du tot, denn du hast nur die halbe Realität.

Also, Humpty Dumpty fiel – da war er nun, das arme Ei, auf dem Boden zerbrochen und zermatscht.

Kennst du das Gedicht?:
Humpty Dumpty sass auf der Mauer
(Humpty Dumpty sat on a wall)
Humpty Dumpty fiel tief
(Humpty Dumpty had a great fall)
All des Königs Pferde all des Königs Männer
(All the King's horses and all the King's men)
Konnten Humpty nicht wieder zusammensetzen.
(Couldn't put Humpty together again.)

Gute Nacht Kinder! Träumt schön! Wir lachen drüber, aber eigentlich ist es doch schrecklich, oder? Viele Kinderreime sind düster, wahrscheinlich weil das Leben für Kinder so hart sein kann. Diese kleinen Lieder sind ziemlich tiefgründig. Gemäss dem dritten Kreis fehlt dem *Humpty Dumpty* Gedicht eine Zeile. Eine fünfte Zeile gehört zu diesem Gedicht – eine Zeile, die es in ein herrliches und hoffnungsvolles Gedicht verwandeln würde. Diese Zeile lautet:

Aber der König konnte.

Weder die Pferde des Königs noch die Männer des Königs konnten es, aber der König konnte. Die Pastoren, Missionare, Evangelisten und Wissenschaftler konnten es alle nicht, aber der König konnte. Dieser König ist der Gott des dritten Kreises. Er ist die Lösung für die Ursache des Leidens.

Und wie macht er das genau?

SICH AUF EINER BRÜCKE VERLIEBEN

Bevor wir die Lösung für die Ursache des Leidens vollständig verstehen können, müssen wir uns tiefer in den dritten Kreis hineinbegeben. Wir wollen Objektivität und Subjektivität etwas genauer betrachten, denn sie sind in der alltäglichen Realität recht gebräuchliche Konzepte. Die Menschen haben über Jahrhunderte hinweg darüber gestritten, welches der beiden wahrer ist. Während der gesamten europäischen Geschichte haben Wissenschaftler (besonders diejenigen der Aufklärung) an objektive und Künstler an subjektive Wahrheit geglaubt. Heutzutage glauben Modernisten an objektive Wahrheit und Postmodernisten an subjektive Wahrheit.

Wie ich jedoch bereits vorgeschlagen habe, können das Objektive und das Subjektive nicht wirklich voneinander getrennt werden. Betrachten wir doch einmal ein Pult. Schaue ich mein Pult an, sehe ich vier Beine und eine bestimmte Größe und Form. Wenn du mein Pult siehst, dann ist es wahrscheinlich, dass wir über die Größe, die Form und die Anzahl der Beine übereinstimmen, außer du schaust aus einem anderen Blickwinkel und siehst nur drei oder zwei Beine. Würden wir beide je mit einem Lineal die unterschiedlichen Teile des Pultes messen, würden unsere Messungen exakt übereinstimmen (vorausgesetzt wir wären gewissenhaft und aufmerksam). Aber jeder von uns sieht das Pult auch auf subjektive Weise. Wenn ich mein Pult sehe, dann sehe ich das Pult meines Chemielehrers, und ich sehe auch ihn selbst, Herrn Corbett, daneben stehen. Aber du wirst ihn nicht sehen. Du könntest ihn gar nicht sehen. Dass ich beim Anblick meines Pultes vier Beine und Herrn Corbett sehe, ist Teil der Realität. Meine Wahrnehmung und meine Erinnerungen sind nicht objektiv, aber sie sind wahr – nicht auf objektive Weise wahr, aber auf subjektive Weise. Sie sind nicht falsch.

Wir streiten oft darüber, welche Hälfte der Realität wahr ist. Ich glaube nicht an objektive Wahrheit. Ich glaube aber auch genausowenig an subjektive Wahrheit. Ich glaube, alle Wahrheit ist sowohl objektiv als auch subjektiv. Man kann auch sagen, es gibt akkurate Wahrheit, die objektiv ist und es gibt nichtakkurate Wahrheit, die subjektiv ist. Diese beiden gehören in der Realität auf komplementäre Weise zusammen. Willst du eine Brücke bauen, musst du auf objektive Weise herangehen, indem du bei jedem Abschnitt des Prozesses akkurate physikalische Messungen durchführst. Wenn du das befolgst, wirst du am Ende eine richtige Brücke haben. Du kannst dich aber nicht auf akkurate Weise verlieben. Das ist ein chaotischer Prozess. Eine Liebesbeziehung ist deshalb aber weder falsch, noch ist sie objektiv. Die Objektivität der Brücke ist für jeden gleich, die Subjektivität des Sich-Verliebens aber ist einzigartig und exklusiv. Ein vollständiges Erleben der Wahrheit ist dann vielleicht, sich auf einer Brücke zu verlieben.

Auf ähnliche Weise beinhaltet die Bibel zwei Arten von Wahrheit. Die eine ist akkurate Wahrheit, die andere ist nichtakkurate Wahrheit. Gibt die Bibel historische Fakten wieder, handelt es sich um akkurate Wahrheit. Man kann sie prüfen und Nachforschungen betreiben. Die Gleichnisse Jesu sind jedoch nicht akkurat. Du kannst den Namen des verlorenen Sohnes nicht recherchieren, da er niemals als Tatsache existierte. Die Gleichnisse sind nicht akkurat wahr, aber tiefgründig wahr, als Fenster und Türen einer subjektiven Wahrnehmung in die Realität hinein. Man kann auf einzigartige Weise aus jeglicher Sichtweise heraus und von jedem Umstand her zur Wahrheit der Gleichnisse kommen.

Eine andere Art, ein vollständiges Konzept der Wahrheit auszudrücken, ist zu sagen: „Fakt + Bedeutung = Wahrheit." Fakten sind objektiv, und Bedeutung ist subjektiv. Wenn ich mit Studenten an verschiedenen Themen arbeite, fragen sie mich oft: „Was bedeutet das?" Sie verdrehen dann immer die Augen, wenn ich zurückfrage: „Was bedeutet *Bedeutung*?"

Im grundlegendsten Sinn bedeutet *Bedeutung* Beziehungen. Eine Tatsache an sich hat isoliert keine Bedeutung. Die Farbe Rot hat in sich selbst keine Bedeutung. Sie hat nur Bedeutung in ihrer Beziehung zu Blau oder Grün oder Gelb. Genauso hast du keine Bedeutung in dir selbst, sondern nur durch deine Beziehung zu deiner Umwelt und zu anderen Menschen.

Adam hatte gemäss dem biblischen Schöpfungsbericht keine Bedeutung in sich selbst. Als Gott Adam schuf, sagte er: *Es ist nicht gut, dass der Mensch allein ist.* Adam war nur ein Fakt, nur objektiv, weil sein Gesichtspunkt der einzige innerhalb der Schöpfung war. Wahre Subjektivität erfordert mehr als nur einen Gesichtspunkt. Gott machte Eva und dann war es gut. Dann gab es Subjektivität in der Schöpfung – genauso wie es sie im Schöpfer gibt – als Ergebnis von Beziehung.

Wir können denselben Ausdruck von Bedeutung in Gott sehen. In der ursprünglichen Perfektion des dritten Kreises gibt es drei Personen und diese Personen haben keine Bedeutung in sich selbst.

Die Bedeutung Jesu liegt nicht in Jesus. Die Bedeutung Jesu liegt in seiner Beziehung zum Vater und dem Heiligen Geist. Das gleiche gilt für die anderen Beiden – ihre Bedeutung liegt in ihrer Beziehung zu den jeweils anderen. Sie sehen einander auch aus unterschiedlichen Gesichtspunkten heraus. Der Sohn zum Beispiel sieht den Vater aus einem anderen Gesichtspunkt heraus als der Heilige Geist. Was sie sehen, unterscheidet sich geringfügig voneinander, aber jeder sieht auf vollkommene Weise. Diese Unterschiede sind eine großartige Befreiung. Dies bedeutet, dass wir keine Klone voneinander sein müssen. Wir müssen nicht denselben Geschmack haben. Es darf eine Vielzahl von Gesichtspunkten und Reaktionen geben. Unterschiede in der Perspektive sind Teil der absoluten Realität, der ursprünglichen Perfektion.

Wenn wir entdecken, dass es sich so mit der ursprünglichen Perfektion verhält – ein wahrer Gott, der sowohl objektiv als auch subjektiv ist – dann sollten wir nicht überrascht sein, Objektivität und Subjektivität in unserer Realität zu erleben. Auch sollten wir nicht denken, dass eines davon Leiden verursacht. Doch das tun wir oft. Eine künstlerisch veranlagte Person denkt vielleicht, dass objektive Wahrheit keine Freiheit zulässt und Leid verursacht. Ein Wissenschaftler mag behaupten, dass Subjektivität keine stabile und verlässliche Form bietet und somit die Ursache des Leidens ist. Die Bibel beschreibt eine absolute Wahrheit, die objektiv ein Gott und subjektiv drei Personen ist. Objektivität und Subjektivität gehören in der Realität zusammen. Ihre Beziehung ist nicht wetteifernd, sondern ergänzend.

Sich der Schwerkraft widersetzen

Ein anderer Gegensatz, den wir in der Welt sehen, ist Form und Freiheit. Eine gute Illustration dafür ist die Schwerkraft. Die Schwerkraft ist eine der grundlegenden Formen oder Strukturen in der Realität, aber sie gibt uns eine gewisse Freiheit. Gäbe es keine Erdanziehungskraft, würde ich, sobald ich beginne zu laufen, schweben, umherschlingern und wäre bald tot. Form und Struktur sind notwendig. Lass mich diesen Gedanken in folgender Gleichung zum Ausdruck bringen:

Totale Freiheit = Tod

Diese Gleichung hat nichts Postmodernes an sich. Postmodernismus, so wie er gewöhnlich in der westlichen Kultur verstanden und praktiziert wird, erachtet Freiheit als höchsten Wert und betrachtet Spaß und Spiel als Zweck der Freiheit. Aber Freiheit hat eigentlich keinen Wert und kann nicht lebensspendend sein, außer sie geht mit Form einher. Wenn du total frei sein und fliegen willst, kannst du auf ein Hausdach gehen und runterspringen. Du kannst sagen, „ich bin frei!" Aber du wirst nicht frei, sondern tot sein, weil du die Form nicht respektiert hast. Studierst du aber die verschiedenen Formen der Realität – die Gesetze und Eigenschaften, die der Realität Struktur und Form verleihen, wie etwa Schwerkraft, Aerodynamik, Thermodynamik, Metallurgie, Düsenantrieb, Materialbelastbarkeit, Torsion und so weiter – dann wirst du in der Lage sein, ein Flugzeug zu bauen und über den Ozean zu fliegen. Das ist eine großartige Freiheit, aber diese Freiheit ist untrennbar mit der Form verbunden. Freiheit und Form sind in der Realität nicht unabhängig voneinander. Auch ihre Beziehung ist komplementär und nicht wetteifernd.

Wie steht's mit Gott? Die drei Personen verleihen ihm besondere Formen. Die Personen haben nicht die gleiche Form. Die Form des Vaters ist es, zu gebieten und auszusenden. Die Form des Sohnes ist es, zu gehorchen und zu gehen. In gewisser Weise sind ihre Formen entgegengesetzt, aber beide sind Gott. Die Form des Heiligen Geistes ist es, über der Schöpfung zu schweben, wie ein Wind zu wehen und innezuwohnen, Menschen zu lehren und zu ermächtigen. Wenn jede dieser Personen seiner Form gegenüber treu ist, dann ist sie auch frei, Gott zu sein. Sollte aber einer von ihnen seiner Form gegenüber untreu sein, würde die Schöpfung zerstört werden, denn die Schöpfung ist abhängig von der Form des Schöpfers. Ist der Schöpfer untreu gegenüber seinem eigenen Charakter, ist die Grundlage nicht mehr vorhanden. Sowohl die Freiheit als auch die Form Gottes sind ewig. Sie müssen beide durch seine ständige Entscheidung beständig sein. Daher ist Gott nicht einfach automatisch so wie er ist. Er entscheidet sich, seinen Formen gegenüber treu zu sein und das kostet etwas. Am eindrücklichsten sieht man diese Kosten im

Garten Gethsemane. Indem Jesus in die Schöpfung kam, um für sie zu sterben und sie dadurch zu retten, bleibt er treu gegenüber der Form seines Versprechens. Nun ist der Augenblick dafür gekommen und er merkt, dass er eigentlich nicht will. Er betet zum Vater und sagt, *bitte lass es anders geschehen, falls es irgend anders möglich ist*. Beim Beten tritt Blut aus seiner Haut hervor und fließt auf den Boden. Er erlebt intensiven Stress. Was bedeutet das?

Es bedeutet, dass er kämpft. Dass er nicht wie ein Automat funktioniert. Er ist Gott, arbeitend, dienend, gebend, betend, damit er er selbst sein kann, für sich und uns. Es gibt keinen anderen Gott wie diesen.

Wenn Form und Freiheit ein Teil der ursprünglichen Perfektion sind, dann sind sie nicht die Ursache des Leidens. Mit anderen Worten: obwohl wir im Leben durch verschiedene Grade von Freiheit oder Form leiden, werden wir nicht Rettung finden, indem wir einfach alle Formen oder Strukturen los werden oder indem wir uns nur auf Freiheit und Möglichkeiten ausrichten. Wir brauchen beides im Leben, Form und Freiheit, denn sie sind Teil der ursprünglichen Perfektion.

Wandel, Zeit und Ewigkeit

Dynamik ist ein weiterer Aspekt des dritten Kreises. Dynamik bedeutet, dass Dinge nicht statisch sind. Sie verändern sich in Beziehung zueinander. Die Realität beinhaltet ein „Davor", ein „Während" und ein „Danach". Im ersten Petrus Brief wird uns gesagt, dass der Sohn vom Vater erwählt wurde, in die Welt zu kommen und sie zu retten, bevor die Welt gemacht war. Mit anderen Worten – bevor Raum und Zeit existierten – gab es ein „Vor-dem-Erwählen", ein „Während-dem-Erwählen" und ein „Nach-dem-Erwählen".

Dynamik geschieht in zwei Abfolge-Matrizen. Ich meine *Matrix* im Sinne des Films *Matrix*: eine Umgebung oder ein Kontext, in dem Dinge geschehen. Wasser ist die Matrix von Tee, was bedeutet, dass Tee in Wasser geschieht. Cyberspace ist die Matrix von Email, das heißt, Email geschieht im Cyberspace. Die Matrix von Abfolge *im Raum* ist die Zeit. Das bedeutet, dass alles was passiert, in der Zeit passiert. Die Matrix von Abfolge *außerhalb* des *Raums* ist die Ewigkeit. Viele Leute denken, dass Ewigkeit unendlich viel Zeit bedeutet, aber das ist nicht die Art und Weise, wie die Bibel Ewigkeit beschreibt. Ewigkeit ist eine separate Abfolge-Matrix, worin jeder Punkt in der Zeit zu jedem Punkt in der Ewigkeit gegenwärtig ist. Aus diesem Grund ist

Prophezeiung möglich. Gott lebt innerhalb der Ewigkeit und von jedem Punkt der dynamischen Matrix der Ewigkeit ist alle Zeit gegenwärtig.

Diese Perspektive über die absolute Realität unterscheidet sich von dem, was wir bei Monismus und Dualismus sehen. Monismus erachtet Dynamik als illusorisch und irreal. Dualismus sieht in der Harmonie von Gegensätzen die ursprüngliche Perfektion, die, wenn sie absolut sein soll, statisch und unwandelbar ist. Aus der Sicht des Zen würde man sagen, *ich trete ins Wasser ein und mache keine Wellen, weil alles immer dasselbe ist. Es gibt keine Bewegung.*

Der dritte Kreis betrachtet Dynamik als einen realen und nichtillusorischen Teil der absoluten Realität. Gott ist dynamisch und seine Schöpfung ist dynamisch. Aus diesem Grund kann Dynamik nicht als Ursache des Leidens gesehen werden.

Ich und Wir

Ein weiteres Hauptelement des dritten Kreises und eines, das Christen besonders gerne betonen, ist, dass Gott ein persönlicher Gott ist. (Im Sinne des Autors ist hier auch *personal* gemeint, wird aber zugunsten des Wortspiels hier anders übersetzt.) Ich kann dieser Aussage nicht genug zustimmen. Aber Gott ist nicht persönlich, weil ich persönlich an ihn glaube. Er ist ein persönlicher Gott, nicht weil ich eine persönliche Beziehung zu ihm habe. Gott war bereits ein persönlicher Gott, bevor ich geboren war. Dass er persönlich ist, ist vollständig unabhängig von der Schöpfung und kommt daher, dass dort drei Personen sind, die miteinander Beziehung haben.

So gesehen sagt uns Gottes Wesen etwas darüber, wie wir Persönlichkeit verstehen müssen. Die meisten psychologischen Modelle stellen Persönlichkeit als eine Beschreibung des Individuums dar. Von der Kirche wurde das gleiche Modell adoptiert, welches Menschen in Form von Körper, Seele und Geist definiert. Das Problem damit ist, dass es dabei nur um das Individuum geht, wohingegen die biblische Beschreibung der Person eine vorrangige Betonung auf Beziehung legt.

Man sieht diese Realität in Gottes eigenem Wesen, als separate Personen in Beziehung zueinander. Und man sieht es zu Beginn der Schöpfung, als Gott Menschen nach seinem Ebenbild schuf. Als Adam alleine war – als er sich selbst wahrnahm, seine Umwelt wahrnahm und daher die Tiere benannte – war er doch nicht personal, da er keine Beziehungen innerhalb der Schöpfung hatte. Er konnte mit Gott, der außerhalb der Schöpfung ist, in Beziehung treten. Aber innerhalb der Schöpfung war das Ebenbild Gottes unvollständig, solange, bis es „*wir*" oder „*uns*", statt „*ich*" oder „*mir*" hieß. Das Ebenbild Gottes hat *das* „*wir*" der Beziehungen als Grundlage. Ebenso gibt es in einer rechten Beziehung zwischen Mann und Frau, so wie Gott sie ursprünglich geplant hat, eine dritte Person – ein Kind. Gott ist drei Personen und so kommt auch sein Ebenbild als Dreier-Set daher.

Die Betonung auf Beziehung bedeutet nicht, dass das Individuum nicht zählt oder dass die individuelle Identität irgendwie verloren geht. Die Individualität bleibt vollständig erhalten, aber sie wird zuallererst und vorrangig im Kontext von Beziehung verstanden. Persönlichkeit bedeutet ein selbstwahrnehmendes Wesen mit Bewusstsein in Beziehung mit anderen selbstwahrnehmenden Wesen mit Bewusstsein. Es mag schwierig sein, diese Perspektive der Person anzuerkennen. Sie scheint die Sache vom falschen Ende her aufzuzäumen.

Viele von uns würden es vorziehen, uns selbst zuerst durch unsere Identität und persönlichen Eigenschaften und dann erst durch unsere Beziehungen zu definieren. In den Anfangszeilen des Johannesevangeliums wird uns folgendes gesagt:

Im Anfang war das Wort, und das Wort war...
Wie endet der Satz?

Leute, die diesen Vers nicht kennen, erwarten dass es heißt:
... und das Wort war Gott.

Aber so lautet der Vers nicht. Sondern:
... und das Wort war bei Gott, und das Wort war Gott.

Beziehung kommt zuerst, dann die Identität.
Beziehung geht Identität voraus.

Du musst jemandem dienen

Wenn Beziehung Teil der absoluten Realität ist, kann sie nicht die Ursache des Leidens sein. Mit Beziehung gehen einige andere Elemente einher. Eines davon ist Hierarchie. Hierarchie hat mit Autoritätsbeziehungen zu tun. Das bedeutet, dass manche Individuen unter bestimmten Umständen Autorität haben – die Macht und Verantwortung, Realität zu beschreiben – während andere unter Autorität stehen. In unserer Kultur fühlt sich Autorität schlecht an. Sie ist politisch inkorrekt. Jedoch ist Hierarchie aus biblischer Sicht Teil von Gottes Natur und muss somit ein Teil der Realität selbst sein.

Ein Beispiel für Hierarchie ist die Beziehung zwischen Eltern und ihren Kindern. Eltern haben Autorität über ihre kleinen Kinder. Sie besitzen die Autorität, Zubettgehzeiten und Ernährungsweise festzulegen und vorzuschreiben, dass im Garten gespielt wird und nicht auf der Strasse. Kleine Kinder brauchen diese Autorität, die ihnen die Realität beschreibt, um zu überleben. Sie können für sich selbst die Realität nicht ausreichend beschreiben. Wer ist in dieser Beziehung nun mehr Mensch, die Eltern oder die Kinder? Natürlich, antwortest du, sind beide gleichermaßen Mensch. Aber bei anderen Beziehungen zögerst du vielleicht. Beim Chef und dem Angestellten, wer ist mehr Mensch? Wenn du auf der einen Seite schöne, erfolgreiche Leute hast und hässliche Versager auf der anderen, wer ist dann mehr Mensch? Oder reiche und arme Menschen – wer ist mehr Mensch? Da werden wir leicht unsicher. Wir denken, dass in hierarchischen Beziehungen manche Leute echter oder wertvoller sind als andere. Dieses Konzept gehört jedoch zur Kultur einer gefallenen Welt. Es gehört zur Kirche einer gefallen Welt. Es ist kein Konzept, das Gott für uns will.

Hierarchie hat nichts mit Ungleichheit von Wert oder Bedeutsamkeit zu tun. In Gott gebietet der Vater und der Sohn gehorcht, und beide sind gleichermaßen Gott. Der Sohn ist kein Gott in Ausbildung, der auf sein Diplom wartet. Er ist kein Junior-Gott, der darauf wartet, sein Reifezeugnis entgegenzunehmen. Er ist vollständig und ewig Gott und er gehorcht. Dieses Gottesbild passt nicht in unsere gegenwärtige Kultur, weil wir denken, dass wir mehr Mensch und lebendiger sind, wenn wir gebieten und weniger Mensch sind, wenn wir gehorchen. Das kann aber nicht stimmen, wenn wir in Gottes Ebenbild geschaffen sind. Zu gehorchen ist genauso göttlich wie zu gebieten. Somit ist gehorchen genauso menschlich wie gebieten. Leider werden Hierarchie und Autorität schrecklich missbraucht und das verursacht großes Leid. Wenn Hierarchie jedoch ein Teil Gottes ist, dann kann sie an sich nicht die Ursache für das Leiden sein. Bob Dylan hat recht, wenn er sagt, *du musst jemandem dienen*.

Die Bibel beschreibt fünf grundlegende Autoritätsbeziehungen. Ehemänner und Ehefrauen, Eltern und Kinder, Herren und Sklaven (oder in heutigen Begriffen Arbeitgeber und Arbeitnehmer), der Staat und die Bürger, Kirchenleiter und Mitglieder. Dies deckt die meisten Haupthierarchien des Lebens ab. Entsprechend der Bibel hat uns Gott diese Hierarchien gegeben und sie sind gut. Doch sie sind fehlerhaft. Wir erleben in all diesen Beziehungen Leidvolles. Sie funktionieren nicht richtig. Manchmal, wenn eine Beziehung nicht richtig funktioniert, denken wir, dass die Lösung wäre, die Beziehung zu beenden. Im Westen erleben wir Ehe als problematisch. Viele Leute glauben, dieses Problem lösen zu können, indem sie nicht heiraten. Doch ich denke nicht, dass dies eine Lösung ist, denn diese Art der Beziehung ist von Gott gegeben.

Es hilft nicht vorzugeben, Ehe sei perfekt. Es braucht Arbeit an der Ehe, um eine Beziehung von Liebe und Unterstützung aufzubauen. Wir müssen auch aufpassen, dass wir nicht annehmen, dass der Ehemann, weil er Autorität besitzt, mehr Wert hat und echter ist als die Ehefrau. Wir dürfen nicht voraussetzen, dass Autorität den Missbrauch von Macht rechtfertigt. C.S. Lewis sagt in seinem Buch „*Was man Liebe nennt*", dass der Ehemann und Vater einer Familie eine Krone tragen sollte und diese Krone sollte eine Dornenkrone sein. Ich denke, das ist ein gutes Bild. Er trägt eine Krone und blutet. Er leidet. Er trägt die Last. Das ist doch ein interessanter Vergleich. Werfen wir einen Blick in die Bibel, so sehen wir, wie Paulus uns lehrt, dass der Ehemann zu seiner Frau wie Christus sein soll. Das bedeutet, er soll sterben, um sie schön zu machen. Das ist ein extremes Bild. Das ist politisch inkorrekt. Das passt nicht in unsere Welt. Es klingt lächerlich. Aber so sagt es uns die Bibel. Hier haben wir einen Konflikt zwischen einer Aussage der Bibel und der Welt, in der wir leben – und wir müssen über diesen Konflikt nachdenken und mit ihm ringen, um den richtigen Weg zu finden.

SCHAU, PAPI, SCHAU!

Ein weiterer Aspekt von Beziehung und des dritten Kreises sind Bedürfnisse. Wir alle haben Bedürfnisse. Wir müssen essen und trinken, wir brauchen Wärme und ein Dach über dem Kopf. Aber mehr noch als all das, brauchen wir es, gesehen zu werden. Man sieht das bei kleinen Kindern. Den ganzen Tag lang rufen Kinder: „Schau, Papi, schau!" Und wenn sie wählen können zwischen Mittagessen und ob Papi schaut, gewinnt immer das Erlangen von Papis Aufmerksamkeit, weil das ein stärkeres Grundbedürfnis ist. Von Papa oder Mama oder anderen wichtigen Personen gesehen zu werden, ist wichtiger als zu essen. Und wenn Papa oder Mama nicht schauen, weil sie dauernd bei der Arbeit oder geschieden oder betrunken oder im Gefängnis oder tot oder ständig auf Missionsreise sind, dann wird dieses Bedürfnis nicht gestillt. Das Kind ist dann schrecklich verkorkst und leidet. Dies beschreibt einen jeden von uns.

Wir müssen auch gehört werden. Noch bevor ein Kind sprechen kann, macht es Lärm, gurrt und brabbelt, um gehört zu werden. Für Kinder ist es schmerzhaft, wenn sie nicht gehört werden. Auch als Erwachsene brauchen wir noch Menschen, die uns zuhören, wenn wir sprechen, sogar, wenn sie nicht mit uns übereinstimmen. Es ist zutiefst frustrierend, nicht gehört zu werden. Es setzt unser Menschsein herab.

Wir haben auch das Bedürfnis, einen Unterschied zu machen. Wir müssen eine Wirkung auf diese Welt ausüben. Wenn ein Kind ein paar Bauklötze aufeinanderstellt, sind sie nicht mehr so wie vorher. Sie sind anders. Das Kind kann sagen: *„Ich hab das gemacht"* – und dann wieder umstoßen. Dann ist es wieder anders. Manchmal sind die Bedürfnisse von Kindern unbequem, dann etwa, wenn sie die Wände mit Lippenstift vollschmieren, woran man wiederum erkennt, dass sie das Bedürfnis haben, einen Unterschied zu machen. Das zieht sich durch unser ganzes Leben. Wenn wir Brot backen, dann brauchen wir Leute, die es essen. Wenn wir ein Haus bauen, sollten Menschen darin wohnen. Wo ich gewesen bin und gelebt habe, sollte es anders sein, als wenn ich nicht dort gewesen wäre. So hat Gott uns gemacht.

Verwandt mit all diesen Bedürfnissen ist das Bedürfnis, gewollt zu sein. Wir brauchen es, dass Menschen zu uns sagen: „Komm, sei bei mir, sei bei uns, du bist willkommen."

Warum haben wir diese Bedürfnisse? Sind sie ein Ergebnis der Sünde? Kommen sie vom Teufel? Sind diese Bedürfnisse etwa Versuchungen? Du sagst vielleicht, wir hätten diese Bedürfnisse, da wir nur Menschen sind. Aber wer definiert was es heißt, Mensch zu sein? Gemäß dem dritten Kreis, sind die Menschen nach Gottes Bild geschaffen. Ihre Bedürfnisse kommen von Gott, weil Gott diese Bedürfnisse hat. Vielleicht hast du nie von Gott gedacht, dass er Bedürfnisse hat. Nicht, dass Gott etwas von uns braucht. Eher hat er Bedürfnisse in sich selbst, und zwar genau die gleichen wie wir – gesehen zu werden, gehört zu werden, einen Unterschied zu machen, gewollt zu sein. Aber Gott leidet nicht wegen dieser Bedürfnisse. Für Gott sind diese Bedürfnisse reine Freude, weil Bedürfnisse die Grundlage für Vertrauen und Liebe sind. Ein Bedürfnis, das nur von einer anderen Person gestillt werden kann, erfordert, dass du der Person vertraust, die es stillen kann. Gäbe es keine Bedürfnisse, gäbe es auch kein echtes Vertrauen und keine echte Liebe.

Bevor es die Schöpfung gab, als es also nur Gott gab, existierte bereits Vertrauen und Liebe in der Realität, denn es gab bereits die Befriedigung der Bedürfnisse, gesehen und gehört zu werden, einen Unterschied zu machen und gewollt zu sein.

Jede der drei Personen Gottes stillt die Bedürfnisse der anderen Personen, indem er sich selbst für die anderen entleert. Jesus entleert sich für den Vater und den Heiligen Geist. Aus diesem Grund ist für Jesus das Zentrum der Realität nicht in Jesus, sondern im Vater und im Heiligen Geist. Jede der Personen Gottes ist in gleicher Weise auf den anderen, statt auf sich selbst zentriert. Dies ist die biblische Beschreibung von absoluter Realität: ein komplett auf andere zentrierter Gott. Dieses Auf-andere-zentriert-sein ist die Quelle von Gottes Energie. Denn während eine jede der Personen Gottes sich einmal entleert, wird sie durch die anderen zweimal gefüllt. Diese Energie wächst exponential an. Sie wurde so groß, dass Gott sagen konnte: „*Es werde Licht!*" und das Universum wurde geboren. Die Bibel gibt dieser Energie einen Namen, wenn sie sagt, Gott ist Liebe. Sie ist dieses auf-andere-zentrierte Entleeren und Füllen, ein unaufhörliches Aufbauen von Energie. Sie ist die Energie des Lebens. Sie ist die Grundlage der ganzen Realität.

Es ist bemerkenswert, dass die Bibel nicht sagt: *Gott ist liebend*, oder *er liebt*, obwohl das auch wahr ist. Es ist sehr viel radikaler – Gott *ist* Liebe. Beachte, dass es auch heißt: *Gott ist gerecht*, aber nicht „Gott ist Gerechtigkeit", weil er auch gnädig ist. Und es heißt nicht: „Gott ist Gnade", weil er auch gerecht ist. Aber wenn es heißt, *Gott ist Liebe*, steht das in keinem Kontrast zu etwas anderem. Liebe ist die totale Realität von Gottes Wesen.

Genauso wie Gott vollständig auf andere ausgerichtet ist, sollen auch wir das sein. Als Adam alleine war, innerhalb der Schöpfung, sah Gott, dass dies nicht gut war. Also machte er Eva. Mit dieser Beziehung konnte Adams Identität jetzt vollständig außerhalb seiner selbst sein. Das Zentrum Adams lag nicht in Adam. Es lag in Eva und in Gott. Das Zentrum Evas lag nicht in Eva. Es lag in Gott und Adam. Die Schöpfung reflektierte den Schöpfer. Aus diesem Grund haben wir, so wie Gott auch, Bedürfnisse. Und aus diesem Grund sehnen wir uns danach, dass diese Bedürfnisse gestillt werden, innerhalb unserer Beziehungen miteinander und mit Gott, geprägt durch Liebe und Vertrauen.

Wenn Bedürfnisse Teil der ursprünglichen Perfektion sind, können sie nicht die Ursache für das Leiden sein. Wir können tatsächlich leiden, wenn unsere Bedürfnisse nicht gestillt werden, aber Bedürfnisse an sich sind nicht der elementare Grund, warum Dinge in unserer Welt schief laufen.

Bis hierher haben wir nebst Bedürfnissen die Themen ‚Einheit und Vielfalt', ‚Objektivität und Subjektivität', ‚Vorherbestimmung und Freier Wille', ‚Form und Freiheit', ‚Dynamik', ‚Persönlichkeit' und ‚Beziehung und Hierarchie' betrachtet und festgestellt, dass entsprechend dem dritten Kreis *keines davon* die wirkliche Ursache für das Leiden in der Welt ist.

Was ist es dann also? Und was ist die Lösung?

EIN SCHWARZES LOCH IM HERZEN

Im ersten Buch Mose wird uns erzählt, dass Gott den Baum der Erkenntnis von Gut und Böse zu Adam und Eva in den Garten stellte. Und Gott sagte: „*Esst nicht die Frucht dieses Baumes. Ihr dürft Gut und Böse nicht von euch selbst heraus kennen. Ihr müsst darauf vertrauen, dass ich euch das erkläre.*"

Du fragst dich vielleicht, warum Gott ihnen die Option, von der Frucht zu essen, überhaupt gab. Warum sie nicht davor bewahren? Warum nicht einen Stacheldrahtzaun um den Baum ziehen? Wie schon vorher erwähnt, liegt der Grund darin, dass Gott nicht automatisch ist und daher kann seine Schöpfung auch nicht automatisch sein. Genauso wie Gott frei ist, sich zu entscheiden – und er entscheidet sich immer dazu, treu zu sich selbst zu sein – haben wir als Ebenbild Gottes die gleiche Entscheidungsfreiheit erhalten – die Entscheidung zu vertrauen und von ihm abhängig zu sein. Also besteht die Möglichkeit, dass wir uns falsch entscheiden können.

Ich sollte vielleicht herausstreichen, dass, wenn Gott nicht ein Automat ist, die Möglichkeit existiert, dass auch er sich falsch entscheidet. Es steht niemand hinter Gott, der ihn zwingt, seine Versprechen zu halten. Gott muss sich selbst dazu entschließen. Wie ich schon früher angedeutet habe, sieht man die Möglichkeit für eine falsche Entscheidung im Garten Gethsemane. Wäre es unmöglich gewesen, dass Jesus sein Versprechen bricht, hätte er nicht Blut geschwitzt. Er hätte nicht gebetet: „*Bitte, lass es anders kommen, wenn es geht.*" Man sieht die gleiche Möglichkeit bereits ein paar Jahre früher in Jesu Leben, als er in der Wüste vom Teufel versucht wird. Die Versuchung wäre komplett bedeutungslos gewesen, hätte es da nicht die Möglichkeit gegeben, dass Jesus ihr nachgibt. Dass Gott nie seine Versprechen bricht und sogar starb, um sie einzuhalten, ist zum Glück eine klare Bestätigung dafür, dass er immer treu sein wird.

So ist der Ursprung der Möglichkeit zum Bösen in Gott, aber es ist nichts Böses in Gott. Die Geschöpfe, die Gott nach seinem Bild schuf, haben auch diese Möglichkeit, und ihre Entschlüsse haben oft in Tragödien geendet. Das bekannteste Beispiel dafür ist der Teufel. Zu einer bestimmten Zeit war er der schönste aller Engel, aber er hat sich entschieden, sich von Gott abzuwenden. Ist dir schon mal aufgefallen, dass der Teufel nur eine Person ist, wohingegen Gott drei Personen ist? Der Teufel ist eins, weil er ausschließlich selbstzentriert ist. Es ist seine absolute Selbstzentriertheit, die ihn in absoluter Weise böse macht.

Gemäß erstem Buch Mose kam der Teufel im Garten Eden zu Eva und sagte: „ Hat Gott wirklich *gesagt, ihr sollt nicht essen?*" „Oh nein", antwortete Eva, *„wir können alles essen was wir wollen, wir können nur nicht von diesem Baum essen.*" Darauf sagte der Teufel: „Wenn ihr von diesem Baum esst, werdet ihr wie Gott sein, denn Gott kennt Gut und Böse und ihr werdet auch Gut und Böse kennen. Ihr müsst dann nicht Gott belästigen, damit er euch das erklärt. Ihr werdet es dann selbst wissen. Du kannst dann unabhängig sein. Du kannst eine emanzipierte Frau sein." Für Eva erschien das attraktiv. Sie war intelligent, sie hatte ein abenteuerlustiges Temperament. Sie warf noch einmal einen Blick auf den Baum und sah, dass die Frucht sehr anziehend war. Sie wusste, dass sie, wenn sie davon essen würde, wirklich die Erkenntnis von Gut und Böse haben und autark sein würde. Sie würde Gott nicht brauchen, um ihr das zu erklären.

Nachdem sie davon gegessen hatte, gab sie auch Adam etwas davon und auch er aß davon. In diesem Moment sind beide gestorben. Ich meine damit nicht, dass sie einen Herzinfarkt hatten und umfielen, sondern dass ihre Beziehung und ihre Identität starben. Sie erkannten, dass sie nackt waren. Sie wussten, dass sie füreinander eine Bedrohung darstellten. Es gab kein Vertrauen mehr. Sie vertrauten Gott nicht und konnten einander nicht vertrauen. Als ihre Beziehung starb, waren sie tot. Ihre wahre Identität lag nicht in ihnen selbst, sondern in ihrer Beziehung.

Adam und Eva erkannten, dass sie ein Problem hatten - und manchmal denke ich, sie hätten sich an den Händen nehmen, zu Gott gehen können und sagen: „Vater, wir haben ein Problem. Kannst Du uns helfen?" Aber das haben sie nicht getan, weil sie verrückt geworden waren. Ihr Denken war vom Grunde her verdreht und in Unordnung. Anstatt die Lösung beim Schöpfer zu suchen, griffen sie in die Schöpfung. Sie fanden Feigenblätter und banden sie zusammen, um ihre Sexualität zu verbergen, weil sie das wahrscheinlich am meisten verstörte und bedrohte. Wir sehen bei diesem Griff in die Schöpfung für eine Lösung auch die Geburt des *Naturalismus,* dem Glauben, dass wir uns zur Lösung unserer Probleme der physischen Welt zuwenden sollten.

Gott kam in den Garten und rief nach Adam. Warum wollte er mit Adam reden, wenn doch Eva den ersten Biss genommen hatte? Man sieht hier die Wirkungsweise von Hierarchie. Adam war bei Eva, als sie es tat und er war für sie verantwortlich. Darum will Gott von Adam wissen was geschah. Das ist politisch inkorrekt, aber so macht Gott das.

Gott konfrontiert Adam mit einer wunderbaren Frage: „Wo bist Du?" Uns ist klar, dass Gott alles weiß. Diese Frage ist nicht dazu da, damit Gott Informationen einholen kann. Diese Frage soll Adam dazu bringen, sich selbst zu fragen, wo er steht.

Adams Antwort ist gut, als er entgegnet: „*Ich fürchte mich, ich bin nackt und verstecke mich.*" Das traf alles zu. Das war seine Situation.

Dann stellt Gott seine zweite Frage: „*Wer hat dir gesagt, dass du nackt bist?*" Mit anderen Worten: „Was sind deine Quellen und warum hast du ihnen geglaubt?" Er fragt auch: „*Hast du von der Frucht gegessen, von der ich dir sagte, dass du sie nicht essen sollst? Hast du dir diese Furcht, diese Nacktheit und dass du dich verstecken willst, selbst eingebrockt?*" In diesem Fall konnte die Antwort Adams nicht schlimmer ausfallen. Er sagt: „*Die Frau, die du mir gegeben hast, hat mir die Frucht angeboten. Es ist deine Schuld und ihre Schuld.*" Mit anderen Worten: „Ich bin ein Opfer." Hier begannen Opfermentalität und Verleugnung. „*Ich bin nicht verantwortlich, ich bin ein Opfer. Ich brauche keine Vergebung, ich bin im Recht. Ich muss nicht bekennen und Busse tun.*"

Diese Haltung blieb in der menschlichen Rasse sehr beliebt.

Gott bekleidete sie dann mit Tierfellen. Er tötete Unschuldiges und bedeckte Adam und Eva durch unschuldiges Blut. Dies war eine sichtbare und angewandte Prophetie der Kreuzigung. Hier wie auch anderswo in der Bibel kann man sehen, wie der Gott des dritten Kreises kein passiver und stiller Gott ist. Er ist kein New Age Elefant. Er ist aktiv und kommunikativ. Von Beginn an ist er seiner Schöpfung zutiefst verpflichtet und arbeitet treu auf ihre Errettung hin.

Errettung ist notwendig, denn seit Adams und Evas Untreue leben wir im Zustand der Selbstzentriertheit. Der Mensch ist implodiert wie eine Supernova – wie ein riesiger Stern, der zuerst explodiert, dann die Richtung umkehrt und zusammenfällt zu einem Schwarzen Loch, dessen Anziehungskraft so stark ist, dass nicht einmal Licht davor ausweichen kann. Alles wird hineingesogen. Tot-Sein ist nichts anderes als diese Selbstzentriertheit. Sie ist das, was es bedeutet, ein Sünder zu sein. Es ist eine verheerende Situation und aus der Sicht des dritten Kreises ist das die Ursache des Leidens in der Welt.

Die Lösung

Wie kommen wir nun aus diesem Schlamassel heraus? Die Lösung ist, dass der Schöpfer selbst in die Schöpfung eintritt und einer von uns wird, ein Mensch aus Fleisch und Blut. Daher die Geburt Jesu: *Fröhliche Weihnacht!* Während er nun als Schöpfer in der Schöpfung ist, in Zeit und in Ewigkeit, natürlich und übernatürlich, Mensch und Gott, immanent und transzendent, macht er folgendes: Er entleert sich selbst, buchstäblich: Er opfert sein Leben, indem er es zulässt, dass sein Körper an ein Holzkreuz genagelt wird, so dass sein Blut für andere vergossen werden kann. Jesus gab sich selbst, entleerte sich selbst, nicht für sich, sondern für andere. Dies war und bleibt die ultimative und erstaunlichste auf-andere-zentrierte Handlung in der gesamten Geschichte.

Die Kreuzigung Jesu war nicht nur ein Konzept. Sie war keine symbolische Geste. Sie war ein wirkliches physisches Entleeren für andere. Jesus rettete uns mit seinem Blut. Wir sind zerbrochen und Gott kam in die Schöpfung und entleerte sich selbst. Die Kraft dieses Entleerens, die ein Sterben des Selbst bedeutet, tötet den Tod. Der Tod wurde am Kreuz getötet. Der Tod den Jesus starb, hatte seine Ursache nicht in Sünde. Er wurde nicht durch Selbstzentriertheit verursacht. Der Tod den Jesus starb, wurde durch vollkommene Liebe verursacht, und so war dieser Tod vollkommen und verschlang siegreich den Tod.

Dieses Verhalten ist typisches Gott-Verhalten. Es ist das grundlegende Wesen Gottes. Gott ist Liebe, und gemäss dem ersten Johannesbrief ist Liebe ein Sühneopfer. Sühne bedeutet *Wiedergutmachung* im Sinne von „es möglich zu machen, zusammen zu sein". Unsere Sünde, unsere Selbstzentriertheit, trennt uns von Gott, voneinander und vom Rest der Schöpfung. Jesus kam, um Sühne zu vollbringen, so dass wir zusammensein können. Jesus zeigt uns, was es heißt, Ebenbild Gottes zu sein.

Beachte, dass Jesus nicht auf der Erde und auch nicht im Himmel starb. Er hing am Kreuz, in der Mitte ausgebreitet: Er überbrückt Himmel und Erde. Zu der damaligen Zeit wurde der römische Kaiser *Pontifex Maximus* – der Große Brückenbauer – genannt. Dieser Titel passt jedoch besser zum gekreuzigten Christus, der den Schöpfer und die Schöpfung, Ewigkeit und Zeit, das Immanente und Transzendente verbindet. Er bringt alle Dinge durch die Kraft seines Wortes und durch die Kraft seines Blutes zusammen und schafft eine neue Realität. Die Realität wurde durch die Sünde gespalten und sein Körper überbrückt diese Trennung. Das ist Jesus Christus. Das ist der Gott-Mensch.

Das Resultat von Jesu Tod waren drei Tage in der Grabhöhle, Erdbeben, Finsternis und dann die Auferstehung. Bei der Auferstehung handelte es sich nicht um die Wiederbelebung eines toten Körpers. Der Auferstehungsleib Christi war nicht auferweckt wie Lazarus, der auferweckt wurde, um wieder zu sterben. Er wurde auferweckt zum ewigen Leben, in eine verherrlichte Existenz hinein.

Die Bibel sagt uns, dass Menschen, die die Kraft des Blutes Jesu empfangen, auch neue Menschen werden. Gott ist ein Gott, der eine Wahlmöglichkeit hat und so sind wir als sein Ebenbild auch Menschen mit einer Wahlmöglichkeit. Daher müssen wir uns dazu entschließen, diese uns neu machende Kraft zu empfangen. Es geht nicht um einen Gesinnungswandel. Es geht nicht darum, einem Club beizutreten. Es handelt sich um einen radikalen Wandel des Wesens. Wenn wir uns dazu entschließen, die Kraft des Blutes Jesu zu empfangen, werden wir erneuert. Wir waren tote, selbstzentrierte Geschöpfe, die zu lebendigen, auf-andere-zentrierte Geschöpfe werden. Die Bibel verwendet den Ausdruck „Wiedergeboren-Sein", um diese Veränderung zu beschreiben. Wenn wir als Babys geboren werden, können wir nicht wieder ungeboren werden; und irgendwann sterben wir. Wenn wir durch das Blut Jesu wiedergeboren werden, können wir nicht ungeboren werden - und wir sterben nicht. Wir werden neue Geschöpfe, die zu einem neuen Himmel und einer neuen Erde gehören. Wir sind erneuert durch die Kraft der Kreuzigung. Wir sind nicht mehr selbstzentrierte, nach innen gerichtete, tote Individuen, sondern wiedergeschaffen als auf-andere-zentrierte, lebendige Menschen.

Sobald wir wiedergeboren sind, ist der Rest unseres Lebens ein Prozess, in dem wir auf das „Auf-andere-zentriert-sein" ausgerichtet werden. Wir wachsen in der Liebe. Unser Leben wird größer und reicher. Die Bibel beschreibt uns dieses Bild. In unserer Welt finden wir dieses Bild kaum vor. Wir erkennen es kaum in uns selbst. Wir sehen es nicht viel in der Kirche. Aber es ist das Bild von Gottes tiefstem Wunsch für uns. Es ist eine reale Kraft, die uns in Jesus zur Verfügung steht – jetzt in diesem Augenblick – um neue Geschöpfe zu werden, umgekrempelt, wiedergeboren, uns selbst entäußernd, unser Leben verlierend, um es wieder zu gewinnen.

Dies ist die christliche Lösung für das Leiden.

○   ○   ○

AUF DEN PUNKT GEBRACHT

Wir haben nun drei Kreise, oder anders gesagt drei absolute Weltanschauungen untersucht. Jeder davon bietet eine einzigartige Hoffnung für das Problem des Leidens an. Beim ersten Kreis ist die ursprüngliche Perfektion eine vollkommene Einheit und wir leiden, weil wir die Illusion haben, dass es Vielfalt gibt. Die Rettung besteht darin, aufzuwachen und die Einheit wiederzuerkennen. Die ursprüngliche Perfektion im zweiten Kreis ist die vollkommene Harmonie gleichwertiger Gegensätze. Wir leiden, weil Disharmonie beziehungsweise Unausgewogenheit in die Realität kam. Die Erlösung liegt in der Wiederherstellung der Harmonie und Balance durch diverse Methoden und Therapien. Im dritten Kreis besteht die ursprüngliche Perfektion aus drei Personen, die auf-andere-zentriert sind, in einer Realität der Liebe. Wir leiden, weil wir die Dinge umgekehrt haben und zu selbstzentrierten, toten Menschen wurden. Die Errettung besteht darin, dass Gott in die Schöpfung kommt und sich selbst hingibt, damit die Menschen die Kraft empfangen können, wiederhergestellt zu werden, als Menschen, die auf-andere-zentriert sind.

Was denkst Du? Wo stehst Du?

45 Fragen

Ehrliche Fragen zu stellen ist ein Zeichen des Lebens. Während den vielen Jahren, in denen ich Menschen unterrichtete und mit ihnen über die drei Kreise sprach, wurden Hunderte von Fragen gestellt. Solche Fragen sind von unschätzbarem Wert, da sie Menschen direkter und praktischer mit der Lehre verbinden und uns von mechanischen „an-aus", „schwarz-weiss Antworten" fern halten. Durch Fragenstellen wachsen und lernen wir.

Ich hoffe, dass die folgenden, aus verschiedenen Sprachen übersetzten Fragen deine Gedanken anregen und weitere Diskussionsthemen untereinander anstoßen werden.

Frage:
Glaubst du wirklich, dass es möglich ist, so große und umfassende Themen wie den Kosmos zu einem deiner drei Kreise zu vereinfachen?

Antwort:
Nein, das ist es nicht. Die drei Kreise sind extrem reduktionistische Symbole. Ich hoffe, sie sind nützlich, aber ausreichend sind sie nicht. Objektive Wahrheit in der Form eines Symbols reicht nicht aus, um die Wahrheit zum Ausdruck zu bringen. Wahrheit ist ebenso subjektiv,

was bedeutet, dass Erklärungen durch Symbole mit deiner persönlichen, subjektiven Erfahrung kombiniert werden müssen, um Realität zu schaffen. Über Jesus nachzudenken macht dich genauso wenig zum Christen, wie es dich zu einem verheirateten Menschen macht, wenn du über die Ehe nachzudenkst. Die Realität des Verheiratetseins ist viel größer als jegliches Symbol. Trotzdem können Symbole hilfreich sein.

Wie sieht die Sicht eines Monisten zur geistlichen Entwicklung aus?

In den meisten Fällen sehen Leute aus dem ersten Kreis den Menschen als Wesen auf hohem Bewusstseinsniveau, das sich aus einer Lebenskraft entwickelt, welche sich zunehmend komplex und ich-bewusst äußert. Tiere wie zum Beispiel Fliegen, Würmer oder Ratten würden kein individuelles Bewusstsein haben. Der Mensch hat ein individuelles Bewusstsein und trifft Entscheidungen als Individuum. Das Menschliche ist auch im gleichen Bewusstsein reinkarniert, wenn auch ohne sich der Vergangenheit bewusst zu sein. Wohingegen das Bewusstsein der Ratte oder Fliege sich beim Tod zum Unbewusstsein hin auflöst.

Obwohl andere Lebensformen leiden, haben sie nicht die Möglichkeit, Einheit zu erkennen und das Leiden zu beenden, bis sie sich zum menschlichen individuellen Bewusstsein entwickeln und fixieren. Mensch zu sein wird in Bezug auf die ganze Realität als sehr kostbar erachtet. Der Mensch hat die Möglichkeit zur Erleuchtung. Der Glaube, dass der Mensch tausende Male lebt und stirbt, macht die Menschen des ersten Kreises geduldiger. Wenn du etwas nicht in diesem Leben hinkriegst, ist das kein Grund zur Panik – es gibt ja noch ein weiteres Leben. Diese Sichtweise kann dich entspannter machen und Stress abbauen, was auf vielerlei Weise gesund sein kann. Trotzdem müssen wir die Dinge im Kontext dessen sehen, was wahr ist und uns fragen: Bezahlen wir einen zu hohen Preis für die Therapie, die wir erleben?

Wie sehen Menschen mit monistischer Religion die Ehe?

Im ersten Kreis ist Ehe etwas, das die Menschen eingehen als eine hilfreiche Übung für die frühen Phasen der Entwicklung. Denn Ehe ist eine Form der Einheit und des Eins-Werdens.

Aber wenn du in deinen Inkarnationen bereits sehr weit fortgeschritten bist, gehst du in ein Kloster und lebst dort. Es gibt sehr religiöse Leute in Indien, die heiraten, Kinder groß ziehen und ein Geschäft betreiben. Wenn dann aber ihre Kinder von Zuhause ausziehen, verkaufen manche von ihnen ihr Geschäft, lassen sich scheiden und gehen jeder für sich ins Kloster. Sie setzten einander zur Weiterentwicklung frei, weil sie erkennen, dass sie einander zum Hindernis geworden sind. Sie haben Einheit in der Ehe erlebt, aber diese ist ebenso ein

Anhängsel. Sie müssen sich trennen, um in der Buddha-Natur beziehungsweise im Krishna-Bewusstsein zu wachsen.

Wie erklären Menschen aus monistischen Religionen Zunahmen oder Veränderungen in der menschlichen Bevölkerung?

Das Auftreten von mehr Menschen auf der Erde reflektiert die Bewegung von mehr Lebensformgruppen in menschliche, individuelle Bewusstsein hinein. Diese individuellen Bewusstsein äußern sich in der Geburt von Babys. Ein Neugeborenes kann jemand sein, der zum tausendsten Mal geboren worden ist, oder zum erstenmal. Das Baby könnte im Bezug auf den Entwicklungsfortschritt viel älter sein als seine Eltern. Das könnte eine Erklärung für das Genie Mozarts sein. Er könnte eine bereits ältere Person mit sehr viel Erfahrung gewesen sein. Die Population der Menschen kann größer oder kleiner sein, gemäss der Weisheit der Herren des Karma. Menschliche Wesen funktionieren innerhalb der Entscheidungen der Herren des Karmas, welche mit so vielen Variablen arbeiteten, dass wir das nicht erfassen können.

Du behauptest, dass es im Monismus kein echtes Richtig und Falsch gibt. Anerkennt das Konzept des Karma jedoch nicht indirekt das Konzept von Richtig und Falsch und somit eine allgemeine moralische Struktur?

Karma funktioniert innerhalb der Illusion des Maya, der Illusion von Vielfalt, von Besonderheit und Beziehung. In dieser Illusion sind positive und negative Situationen, Energien und Schwingungen aufgebaut und geschaffen, die in Harmonie gebracht werden müssen, damit die Buddha-Natur beziehungsweise das Krishna-Bewusstsein erlangt werden kann. Karma ist ein extrem reicher und komplizierter Vorgang. Das Langzeitziel besteht darin, in die Buddha-Natur oder das Krishna Bewusstsein befreit zu werden. Die Ausarbeitung des Karma kann jedoch auf verschiedene Weisen geschehen. Denk an das Beispiel Mord. Falls ich jemanden in diesem Leben umbringe, werde ich vielleicht in meinem nächsten Leben umgebracht oder rette vielleicht Leben anderer. Beide Möglichkeiten könnten ein Gleichgewicht in meinem Karma erzeugen, auch wenn sie sich sehr voneinander unterscheiden. Die eine ist passiv und bringt Tod hervor, die andere ist aktiv und hat Leben zur Folge. Karma ist kein vergeltendes Rechtssystem. Dieses Element ist zwar vorhanden, aber es sind noch andere Hauptelemente damit verwoben, so dass man Karma nicht rein moralisch verstehen kann. Es ist größer, breiter und reicher als das.

Du hast erwähnt, dass Beziehungen in der monistischen Weltanschauung schlecht sind und Liebe, weil es eine Beziehung ist, auch schlecht ist. Wenn das so ist, warum betont der Buddhismus dann Mitgefühl so stark?

Mit deiner Frage setzt du Mitgefühl mit Liebe gleich. Das ist ein Fehler. Liebe hat mit Beziehung zu tun, aber Mitgefühl ist ein Erkennen von Einheit und Identität. Wenn ich für jemanden Mitgefühl habe, unterstütze ich seine Hinbewegung zum Erkennen der Buddha-Natur oder des Krishna-Bewusstseins im Zusammenhang mit vielen, vielen reinkarnierten Lebenszyklen. Hier ein Beispiel: Falls eine Person in ein Leben voller Leiden hineingeboren wurde, ist es möglich, dass sie vielleicht ihr Karma abarbeitet, und zwar in der Weise, wie es gemäss der Weisheit der Herren des Karma am gewinnbringendsten für diese Person ist. Sehe ich nun diese Person leiden, sollte ich es aus diesem Grund vermeiden ihr zu helfen, weil ich weiß, dass sie vielleicht alles Leid nochmal durchmachen muss, wenn ich in diesen Prozess eingreife. Diese Argumentation ist die Grundlage der buddhistischen Lehre des Nicht-Eingreifens.

Es mag grausam erscheinen, einer leidenden Person nicht zu helfen. Aber im Kontext der Reinkarnation ist dies vielleicht das Barmherzigste, was man tun kann, weil das Nichteingreifen ins Leiden einer Person es ihr erlaubt, ihr Karma ins Gleichgewicht zu bringen. Das christliche Konzept von Liebe dagegen ist anders, weil sich der

Kontext, in dem sie geschieht, stark unterscheidet. Es gibt nur einen Lebenszyklus, in dem die ganze Bedeutung unseres Seins und unserer Entscheidungen konzentriert ist. Da gibt es auch den grundlegenden Glauben an die ewige Realität von Beziehungen. Die Liebe Christi ist eine Liebe der Beziehungen, des Sehens von Angesicht zu Angesicht, des einander Ermutigens, so zu sein, wie Gott uns gemacht hat. Armut und Leiden werden als Entstellung von Gottes Absichten für den Menschen erachtet und als etwas gesehen, wogegen man vorgehen muss.

Christen haben den Auftrag, das Leiden anderer zu mildern und das Leben jedes Einzelnen zu respektieren. So sind Barmherzigkeit und Liebe nicht Synonyme, auch wenn sie in der Kultur größtenteils als solche verwendet werden. Die Bibel enthält das Wort Barmherzigkeit, aber es steht eng mit Liebe in Verbindung.

Der Buddhismus erkennt, dass Depression und andere Formen von emotionalem Leiden mit Narzissmus, Egoismus und Selbstverherrlichung in Verbindung stehen und bietet Methoden zur Behandlung dieser Leiden an. In welcher Weise trägt das Christentum zum Verständnis emotionaler Leiden und deren Heilung bei?

Der Gedanke, dass Depression und emotionale Leiden ein Ergebnis von Narzissmus und Egoismus sind, ist in vielen Fällen ziemlich zutreffend. In der Bibel kann man das gleiche grundlegende Prinzip finden. Die buddhistische und christliche Perspektive unterscheiden sich in Bezug auf den Kontext von Leiden und der Heilung. Der Buddhist hat die Wahl zwischen selbst und SELBST, zwischen dem individualistisch-egoistischen Selbst und dem universellen Buddha-Natur SELBST. Im Christlichen Glauben liegt die Wahl zwischen selbstzentriert und auf-andere-zentriert. Als Resultat hat die buddhistische Lösung für das Leiden die Auflösung des Selbst im absoluten SELBST zum Ziel. Die christliche Lösung hat zum Ziel, das Selbst in die Richtung hin zu den Anderen – zu anderen Menschen und zu Gott – umzulenken. Das individuelle Selbst bleibt erhalten, löst sich nicht auf, wird gesund und entwickelt sich zusammen mit dem Rest der Realität weiter durch eine Beziehung der Liebe.

Das ist die grundlegende Bedeutung von Erlösung durch Jesus Christus. Das Christentum wertschätzt die Notwendigkeit von Heilung und auch von Heilungsmethoden im Allgemeinen (egal ob buddhistisch oder andersgeartet), aber es würde nie die einzigartige Wirklichkeit Gottes, der Person oder der Liebe opfern im Austausch für Heilung oder Befreiung von Leiden.

New Age Leute betonen die Kraft des Glaubens. Was hältst du davon?

Wenn ich das richtig verstehe, ist der Gedanke dahinter der, dass wir die Realität durch unser Denken generieren. Denken wir negativ, generieren wir eine negativere Realität. Denken wir positiv, generieren wir eine positivere Realität. In biblischem Sinne geschieht positives Denken immer im Zusammenhang mit Jesus. Es geht dabei nicht wirklich darum, dass *wir* die Realität generieren sondern um das Vertrauen, dass Gott *für uns* die Realität generiert, die wir brauchen, um seine Absichten für unser Leben umzusetzen. Was er generiert, kann für uns angenehm sein oder genau das Gegenteil von dem sein, was wir wollen. So oder so sollten wir dankbar sein und vertrauen und mit dem arbeiten, was Gott uns gibt.

Werden Kinder zum Hinduismus hingezogen, wenn sie in der Schule Mandalas ausmalen?

Vielleicht, aber sie werden genauso wenig durch das Ausmalen der Mandalas zum Hinduismus gezogen, wie sie durch das Ausmalen von Kreuzen zu Jesus gezogen werden.

Ist Meditation für Christen gefährlich?

Das ist von Person zu Person verschieden. Für manche Menschen könnte sie therapeutische Wirkung haben. Für einige seelische Zustände könnte sie aber sehr gefährlich sein. Es ist auch sehr gefährlich wenn wir denken, dass durch Meditation unsere Sünden vergeben werden oder dass sie uns unsere wahre Identität geben wird, oder wenn wir meditieren, anstelle zu beten.

Gibt es eine christliche Ausübung der Meditation?

Der Ausdruck „Christliche Ausübung der Meditation" wird assoziiert mit einer gesamten Geschichte und Ausübung von Konzepten, die zu umfassend sind, um sie hier anzusprechen. Erlaube mir die Frage einzuengen auf eine spezifischere Überlegung der biblischen Praxis der Meditation. Während östliche Meditation das Denken stoppen oder still halten will, beginnt biblische Meditation mit Inhaltlichem über Gott, hält dies über dem Denken wie ein Gewebe oder Netz und erlaubt dem Heiligen Geist, den Verstand damit zu berühren. Die Person betet dann und denkt über die Verbindung nach, die sie erlebt hat. Biblische Meditation ist nicht zielgerichtet und verfolgt keine Absicht. Sie ist eher passiver als Denken und auf Empfang ausgerichtet, steht aber in Verbindung zum Denken.

Atheismus ist heutzutage eine der großen Weltanschauungen. Zu welchem der drei Kreise passt er?

Atheismus ist der Glaube, dass es keinen Gott gibt und alles durch Zufall aus der materiellen Substanz des Universums entsteht. Viele Atheisten glauben, dass das Universum mit einer Singularität beziehungsweise einer Einheit der gesamten Energie begann, an einem einzigen Punkt, der dann beim so genannten *Urknall* explodierte. Man nimmt dann an, dass nach dem Urknall Vielfalt in das Universum kam, durch die Entstehung verschiedener physikalischer Gesetze und physikalischer Phänomene wie Sterne und Planeten, und schließlich der Erde, mit ihren unterschiedlichen Eigenschaften – biologisches Leben, wie wir es kennen miteingeschlossen. Keine dieser physikalischen Fakten kann jedoch im Atheismus absolute Bedeutung haben. Atheisten können ein *Gefühl* von Bedeutung erleben, indem sie so fühlen als ob ihr Leben Bedeutung hätte oder ihre Beziehungen Bedeutung hätten oder als ob Sonnenuntergänge und Gebirgszüge bedeutsam wären. Aber wenn es keine wirkliche absolute Bedeutung im Universum gibt – wenn das Universum etwas Unpersönliches und Zufälliges ist – dann kann auch nichts, was innerhalb dieses Universums geschieht, von absoluter Bedeutung sein, egal wie sehr wir das fühlen oder glauben. In einem atheistischen Universum ist Bedeutung im Wesentlichen eine Illusion. Obwohl Atheisten sich selbst wahrscheinlich nicht als Monisten sehen würden, kann man die Ähnlichkeiten in ihren Sichtweisen erkennen: Das Universum beginnt in einem Zustand der Einheit, und führt dann zu Vielfalt, die eigentlich eine Illusion ist. Im dritten Kreis allerdings nehmen die Menschen an, dass das Universum und alles darin absolut bedeutsam ist, weil es von einem Gott geschaffen wurde, der von sich aus bedeutungsvoll ist. Als Resultat ist das Leben grundsätzlich keine Illusion. Mir scheint, ein Atheist braucht eine viel größere Portion Glauben als ein Christ. Denn man muss die Idee aufrechterhalten, dass eine blinde, bedeutungslose, ziellose, amoralische, nicht-sorgende, richtungslose Realität Menschen mit genau entgegengesetzten Eigenschaften hervorgebracht hat.

Eine einfachere Annahme ist, dass die Charakteristiken des Menschseins ein Ausdruck von etwas sind, das dem Universum innewohnt und von etwas, das vor dem Universum existierte. Um die Bibel frei zu übersetzen: *Am Anfang war die Information.*

Ich denke die Attraktivität des Atheismus liegt für viele Menschen darin, dass er sie von der Last befreit, tiefer darüber nachdenken zu müssen, warum sie existieren. Er befreit sie auch von jeglichem Gedanken an Sünde oder Schuld. Wenn es keine absolute Bedeutung gibt, kann es auch keine echte Rechtfertigung für Schuldgefühle oder einen Glauben an Richtig und Falsch geben. Ferner macht das Fehlen jeglicher Bedeutung der Kategorien richtig und falsch den Atheismus dem Monismus recht ähnlich. Einige Atheisten glauben auch, dass das Universum, nachdem es sich für eine gewisse Zeit ausgedehnt hat, wieder in sich zusammenfällt zu einer Singularität oder totalen Einheit, was dem Monismus nicht unähnlich ist. Andere Atheisten jedoch glauben, dass sich das Universum endlos ausdehnt. Angesichts der vielen Ähnlichkeiten zwischen Monismus und Atheismus würde ich sagen, dass man den Atheismus als einen Teil oder eine Abwandlung des ersten Kreises betrachten kann.

Christen nehmen manchmal eine defensive Haltung ein gegenüber dem Guten, das sie bei Nicht-Christen sehen. Ein Beispiel dafür wäre die Aussage: Na ja, es war ja ganz nett von diesen Atheisten, dass sie zu etwas Gutem beigetragen haben, aber – und dem Aber folgt dann etwa dies: sie haben Jesus nicht oder am Ende gehen sie ja trotzdem in die Hölle oder eine andere Aussage, die das Gute in anderen Menschen heruntermacht. Hast du diese Haltung gegenüber den guten Taten von Nicht-Christen auch schon erlebt und wie denkst du darüber?

Ich habe diese Haltung beobachtet, aber zum Glück kann ich sagen, in letzter Zeit weniger als in früheren Jahren. Ich denke, dass es im Königreich Gottes deplaziert ist, nicht das Gute um uns herum anzuerkennen, wenn wir es sehen und nicht zu glauben, dass alle Menschen die Ewigkeit in ihrem Herzen haben. In grundsätzlicher Weise ist es nicht möglich, Gott ohne Glauben zu gefallen. Aber ich denke, dass es möglich ist, auf vielerlei

Weise sein Bild zum Ausdruck zu bringen – in einigen Fällen geschieht das durch Nicht-Christen besser als durch Christen. Diese Ausdrucksformen der Güte aber sind nicht integriert, wenn sie nicht durch Jesus in Zusammenhang gebracht und vervollständigt werden. Sie werden nicht zusammen gehalten. Sie sind Häppchen und Brocken und unvollständig. Das Gute, das der Christ tut, wird, auch wenn es manchmal weniger ist als das des Nicht-Christen, in Christus vervollständigt. Dem Gedanken des Autors des Hebräerbriefes folgend, werden alle Dinge in Christus zusammen gehalten durch die Macht seines Wortes. So oder so gibt es keinen Raum, die guten Taten einer Person zu verspotten. Aber es gibt Raum für Bewunderung und Lob und Selbstzurechtweisung.

Hast du selbst vom Kontakt zu Atheisten profitiert?

Ja. Ich denke, ich habe von Atheisten etwas davon gelernt, was es heißt, Mensch und im Ebenbild Gottes gemacht zu sein. Besonders von jenen, die Geduld und Disziplin üben, in einer Weise wie ich das nicht tue, und von jenen, die Kreativität und Mut zeigen und das Leben besser als ich bejahen. Somit habe ich von Atheisten gelernt, was es bedeutet, ein menschliches Wesen zu sein. Ich lerne von ihnen nicht, was Sündenvergebung und Vervollständigung durch Christus bedeutet, aber viele andere Dinge.

In welchen der drei Kreise passen animistische und schamanistische Weltanschauungen? Wozu würde Judaismus und der Islam passen?

Denk daran: diese Kreise stellen ein reduktionistisches und annäherndes System dar. Sie sprechen eher die grundsätzlichen Aspekte unterschiedlicher Weltanschauungen an, als Details an der Oberfläche. Dies im Hinterkopf würde ich vorschlagen, dass Animismus und Schamanismus in den ersten oder zweiten Kreis passen, beziehungsweise in eine Kombination von beiden, abhängig von individuellem Verständnis oder Ausübung. Der Judaismus, so wie wir ihn im Alten Testament oder der Tora finden, würde in den dritten Kreis passen. Im Schöpfungsbericht spricht Gott innerhalb seiner selbst, und später erscheint er Abraham als drei Männer. Im Alten Testament hat man die ganze Dreieinigkeit. Jedoch im Verständnis, in der Praxis und im Denken der Juden wird man eine Anlehnung an den ersten Kreis feststellen. Im Koran findet man grundsätzlich den ersten Kreis. Allah ist Einer. Es gibt keinen anderen. Er hat keinen Sohn. Es besteht eine sehr starke Einheit und Absolutheit in Allah. Er ist von Natur aus nicht beziehungsmäßig. Wenn Allah mit jemanden sprechen und als personaler Gott funktionieren will, muss er jemanden erschaffen, mit dem er sprechen kann.

Einige Leute fragen sich vielleicht, warum sich überhaupt um Weltanschauung kümmern? Warum nicht einfach das Leben so gut wie möglich leben? Was denkst du darüber?

Zu einem großen Teil kann man versuchen so zu leben, ohne besondere Richtung oder speziellen Hintergrund. Du könntest nicht an ausgeprägten Ideen festhalten oder irgendeine starke Absicht verfolgen, weil du nicht glauben würdest, dass etwas richtig oder falsch, passend oder unpassend wäre. Wahrscheinlich würdest du in den Gedanken verfallen, dass richtig ist, was sich gut anfühlt und falsch ist, was sich schlecht anfühlt und du der bist, der darüber richtet – du bist Gott. Gleichzeitig deutet „das Leben so gut wie möglich zu leben" auf eine Art Weltanschauung hin, auch wenn sie nicht klar definiert ist. Das ist das Kernproblem. Wir alle brauchen eine Weltanschauung, um einen Rahmen und eine Grundlage für jegliche Bedeutung und Bestimmung im Leben zu haben, und um eine Rechtfertigung für unsere Handlungen zu haben. Um es anders auszudrücken: so gut wie möglich leben zu wollen, erfordert einen Weg, zu messen, was „so gut wie möglich" bedeutet. Der Hintergrund dafür, das zu messen, ist eine Weltanschauung. Wir können uns um Weltanschauung kümmern oder nicht, sie anerkennen oder nicht, aber sie ist immer da.

Denkst du, dass man mit einem einfacheren Leben glücklicher und fröhlicher ist?

Nicht notwendigerweise. Reichtümer und Geld und Besitz und Wissen können unserem Leben Lasten hinzufügen und uns mehr Verantwortung und Entscheidungen auferlegen. Aber ich denke nicht, dass sie uns automatisch glücklicher oder weniger glücklich machen. Viele wohlhabende und viele intelligente Menschen sind überhaupt nicht glücklich und viele einfache Menschen sind ebenso bitter und unglücklich. Ich denke, dass Werte wie Wahrheit, Treue und Gottgefälligkeit wichtiger sind als glücklich zu sein. Jesus war voller Freude, aber er war auch ein Mann mit Kummer. Der Apostel Paulus war voller Freude, Reichtümer, Leben, Zuversicht und Dankbarkeit, aber er war auch mit vielen Schwierigkeiten belastet.

Menschen haben ihn betrogen, er wurde geschlagen, er wurde ins Gefängnis geworfen. Glück war nicht der höchste Wert für Jesus oder Paulus. Ich glaube, dass so wie Gott uns gemacht hat, und das beständige Daraufhinarbeiten – indem wir die Kämpfe innerhalb einer gefallenen Welt umarmen und annehmen – zum besten und reichhaltigsten, aber vielleicht nicht zum glücklichsten Leben führt. Das ist schwierig zu akzeptieren, weil wir glücklich sein wollen und doch ist Glücklichsein nur ein Teil der Realität. Es ist nicht weise, die anderen Teile der Realität zu opfern, um glücklich zu sein. Manchmal bin ich glücklich und ich genieße das sehr, aber Glücklichsein ist nicht die Hauptsache.

Betrachtest du den Christlichen Glauben als Religion?

Religion ist ein System, um mit dem Übernatürlichem in Kontakt zu kommen. Der christliche Glaube, wie ich ihn verstehe, ist nicht primär ein System und es geht dabei nicht in erster Linie um das Übernatürliche. Sondern um die Realität aller Dinge, sowohl natürlich als auch übernatürlich zusammengehalten durch Jesus, und wie wir diese Realität ausleben. Die Pharisäer zur Zeit Jesu waren sehr religiös – mit ihren Zeremonien, ihren Regeln, ihrer speziellen Kleidung und Tagesstruktur – aber Jesus war davon nicht beeindruckt. Er sagte, dass die Gerechtigkeit der Menschen größer sein soll, als die der Pharisäer. Was bedeutet, dass die Gerechtigkeit der Christen nicht in der Zusammenstellung von Regeln oder einer Tradition oder etwas Zeremoniellem besteht. Es muss eine Gerechtigkeit des Herzens sein. Es geht um eine radikale und persönliche Umwandlung des Herzens. Daran ist nichts religiöses.

Viele Christen fokussieren sich exzessiv darauf, in den Himmel zu kommen. Was hältst du davon?

Wenn wir die Bibel richtig verstehen, lehrt sie uns, dass wir arbeiten und beten sollen, damit Gottes Königreich auf der Erde verwirklicht wird. Jesus sagte, wir sollten folgendermaßen beten: *Unser Vater im Himmel, geheiligt werde dein Name, dein Reich komme, wie im Himmel so auf Erden.* Wir sagen dieses Gebet auf, aber wir meinen es oft nicht so. Das was wir manchmal wirklich meinen ist: „Mein Vater im Himmel, hol mich bitte hier raus!" Das ist es, was uns auf dem Herzen liegt. Aber das ist nicht das, was Jesus gelehrt hat. Er lehrte uns zu beten und zu arbeiten, dass das Königreich des Himmels auf der Erde sein wird – dass die biblischen Werte und ihre Beschreibung von Leben und Beziehungen der Menschen auf der Erde verwirklicht werden. Wir sollen nicht einfach nur warten und durchhalten, bis uns Gott von hier zu einem anderen Ort herausreißt. Ich habe Verständnis für die Ursachen, warum Menschen diese Einstellung entwickeln. Wir leiden, wir sind unterdrückt und frustriert. Trotzdem ist diese Einstellung falsch und wir müssen umkehren. Es kommt zum Teil aus diesen falschen Ideen der Christen, warum Nicht-Christen so ein schlechtes Bild vom Christentum haben. Und dann wundern wir uns, warum unsere Evangelisationsanstrengungen nicht sehr effektiv sind. Evangelisation wird nie richtig effektiv sein, wenn wir ein Evangelium des Rückzugs und der Weltflucht predigen.

Viele deiner Konzepte wie Objektivität – Subjektivität, Form – Freiheit und Dynamik werden nicht explizit in der Bibel erwähnt. Bist du Theologen begegnet, die argumentierten, dass diese Konzepte zu abstrakt und spekulativ sind, um vom eigentlichen biblischen Text gestützt werden zu können?

Sehr selten behauptet jemand, dass die Konzepte, die ich lehre, nicht biblisch sind. Die Leute fragen häufiger, wie ich diese Konzepte in der Bibel finde, was ermutigend ist. Dann versuche ich mit dieser Frage zu arbeiten. „Warum benutzt du das Wort Dreieinigkeit, wenn es nicht in der Bibel vorkommt?", wäre ein Beispiel für eine solche Frage. In meinem Verständnis ist der Ausdruck *Dreieinigkeit* ein verbales Symbol für die Natur Gottes, wie sie in der Bibel beschrieben wird. Ein weiteres Beispiel für ein verbales Symbol sind die Glaubensbekenntnisse der Kirchenväter. Wir nennen sie Credo – Glaubensbekenntnisse, weil sie mit credo, d.h. „ich glaube", beginnen. Die Kirchenväter bezeichneten sie aber als Symbole und Definitionen, weil sie eine Repräsentation der gesamten Wahrheit in der Bibel darstellen. Generell wird man nie totale Übereinstimmung finden zwischen einem Symbol und dem, was es symbolisiert. Ebenso wird man keine totale Übereinstimmung finden zwischen den verbalen Symbolen wie „Dreieinigkeit", „Form und Freiheit" oder „Dynamik" und dem Vokabular der Bibel, auch wenn solche Symbole durch den Text der Bibel fundiert sind.

Kannst du mehr darüber sagen, was es heißt, gerettet zu sein, und was danach geschieht?

Gerettet zu werden bedeutet, aus einer toten, selbstzentrierten Kreatur wiedergeschaffen zu werden und zwar als lebendige auf-andere-zentrierte Kreatur. Gerettet zu sein heißt, von deiner Zerbrochenheit umzukehren und anzufangen, dich in Richtung Heilung zu bewegen. Das bedeutet, Heilung zu empfangen und an der Heilung zu arbeiten, oder wie es das alte Lied ausdrückt: *vertrauen und gehorchen*. Es ist ein Ergänzungsprinzip, eine 200-prozentige Realität. Wir sind nicht gerettet, indem wir Gott vertrauen oder ihm gehorchen, sondern durch beides. Manche Menschen sind in dem Denken gefangen, dass es das eine oder das andere ist. Ich denke die Frage, welches von beiden du wählen sollst, kommt unmittelbar vom Teufel. Vertraust du auf Gott für Heilung oder arbeitest du an der Heilung? Das ist eine böse Frage. Das ist, wie wenn man Humpty Dumpty fragt, von welcher Seite der Mauer er runterfallen will. Aber Gott sagt, wir können beide Seiten haben. Jesus sagt: „Ich bin gekommen, damit du Leben haben kannst und zwar in Fülle. Ich sage dir nicht, du sollst dir den Teil des Lebens aussuchen, den du haben willst. Nimm das Ganze. Lebe das Ganze." Als ein weiteres Beispiel, wie wir nach unserer Errettung herausgefordert sind, kann uns Psalm 23 dienen. Dieser Psalm sagt uns, mein Becher fließt über. Wenn das Leben überfließt, reagieren die Menschen normalerweise, indem sie folgendes denken: „Oh, was für eine Schweinerei, lass uns sauber machen!" Die Menschen mögen es nicht, wenn die Dinge außer Kontrolle geraten oder unvorhersehbar werden. Aber fehlende Kontrolle ist nur nicht zu ertragen, wenn wir durchs Schauen vorangehen. Das ändert sich, wenn wir im Glauben vorangehen, da wir Gott vertrauen, dass er uns im Übersprudeln und der Fülle Stabilität gibt. Der Glaube kann deshalb furchterregend sein, weil wir nicht sehen, weil wir keine Kontrolle haben, weil wir nicht vollständig verstehen. Wir gehen voran und vertrauen

Gott. Es ist so, als ob du seine Stimme am Ende eines dunklen Tunnels hörst und auf diese Stimme zugehst. Die Menschen wollen die Wände berühren. Sie möchten hin und her laufen. Sie möchten sich orientieren. Das ist natürlich. Vorangehen durch den Glauben ist geistlich. Wir werden vom Natürlichen angezogen, weil wir gefallen und zerbrochen sind. Das bedeutet nun nicht, das Natürliche zu verwerfen, sondern das Natürliche mit der Fülle von Gottes Wahrheit und Wirklichkeit in Kontext zu bringen. Manche Leute denken, dass auf der einen Seite das Natürliche ist und auf der anderen das Geistliche, so dass man die eine Seite verlassen muss, wenn man errettet ist. Aber im biblischen Verständnis wird das Natürliche mit dem Geistlichen durch die Herrschaft Jesu Christi in Kontext gebracht. Somit ist nichts verloren. Alles ist gewonnen. Das Leben wird größer und voller.

Wenn das Leben nach der Errettung größer wird, warum bekommt man dann oft den gegenteiligen Eindruck – dass das christliche Leben Menschen begrenzter und rigider macht?

Eine Frage, die ich oft Menschen in verschiedenen Ländern stelle, ist: „Falls du in deine Stadt gingst und zehn Leute anhieltest und sagen würdest ‚Ich möchte dir eine Frage stellen: Wenn du heute Christ werden würdest, denkst du, dass dein Leben weiter, voller und engagierter werden würde, oder kleiner, enger und weniger engagiert?' – wenn du das fragen würdest, wie würden die Menschen antworten?"

Generell sagt jeder, dass die Menschen mit dem Zweiten antworten würden. Sie würden denken, das Leben würde kleiner, enger und weniger engagiert werden. Und ich stimme darin überein, dass dies der Eindruck der meisten Menschen ist. Dann frage ich, ob dies das ist, was die Bibel sagt. Und sie sagen: „Nein, das ist nicht das, was die Bibel sagt." Dem stimme ich auch zu. Woher also haben die Menschen die Idee, dass dich das Christsein begrenzter macht? In gewissem Maße bekommen sie dies durch die Medien und durch unwahre Attacken gegen das Christentum vermittelt. Aber zum großen Teil erhalten sie diesen Eindruck durch die Christen selbst. Wenn das zutrifft, dann sollte Apologetik (Rechtfertigung des Glaubens) vielleicht mit einer Entschuldigung (engl. Apology) beginnen. Vielleicht sollten wir Menschen bitten, uns zu vergeben, dass wir ihnen einen falschen Eindruck davon vermitteln, was es heißt als Christ zu leben. Wir müssen auch die Herrschaft Jesu Christ über alle Bereiche des Lebens praktizieren, nicht nur im religiösen Leben.

Ein zentrales Bild im Christentum ist die Kreuzigung und das Reinwaschen von Sünden durch das Blut Christi. Dieses Bild ist brutal und für viele verstörend und schwer anzunehmen. Gibt es einen anderen Weg, die Botschaft des Christentums zu vermitteln?

Es ist Blut. Es ist Tod. Es kann niemals nett sein. Ich sage den Leuten manchmal, dass es so ist, wie wenn man zum Zahnarzt geht. Ein erlösender Besuch beim Zahnarzt kann niemals nett sein – nicht wenn du einen guten Zahnarzt hast. Nimm mal an, du hast schreckliche Zahnschmerzen und der Zahnarzt sagt: „ Oh, du musst furchtbare Schmerzen haben. Hier, ich segne dich mit etwas Morphium." Wenn er dann weggeht und das seine Lösung war, hat er dich nicht gesegnet, sondern verflucht. Dich zu segnen bedeutet hier, erst mal den Schmerz zu *verstärken*. Der Zahnarzt ist das beste Beispiel für einen schmerzhaften Segen. Manchmal kann es hilfreich sein, die Menschen daran zu erinnern, dass das Leben nicht nett ist, und dass „mehr vom Leben" nicht nur ein netter Prozess ist. Natürlich ziehen es die Leute normalerweise vor, sich eine nette Art von Erlösung vorzustellen. Du kannst dir ein klein wenig Buddhismus und Transzendenz vorstellen – und viele machen das. Es ist sehr natürlich und romantisch, sich eine nette Erlösung vorzustellen. Aber die Bibel gibt uns keine nette Erlösung. Sie ist ein Skandal. Paulus selbst sagt das. Das traf schon immer zu. Jesus wird fälschlicherweise als nett angepriesen. Aber er ist nicht nett. Er ist echt.

C.S. Lewis hat es in *Der König von Narnia* auf den Punkt gebracht. Die Kinder in dieser Geschichte sind neugierig bezüglich Aslan, eine Art Symbol für Jesus, und fragen: „Ist er sicher?" Ihnen wird gesagt: „Natürlich ist er nicht sicher. Aber er ist gut." Sicher oder nett bedeutet nicht gut. Eine weitere Illustration wäre eine Mutter, die mit ihrem dreijährigen Jungen die Strasse überquert. Falls der Junge versuchen würde, auf die befahrene Strasse zu laufen, würde die Mutterliebe auf sehr gewaltsame Weise zum Ausdruck kommen. Sie würde den Kleinen ergreifen und ihn von der Strasse reißen, mit dem Risiko, ihm den Arm zu brechen. Sie würde ihn vielleicht anschreien und ihm Furcht einflössen. So würde ihre Liebe zu ihm aussehen. Wenn sie andererseits nett gewesen wäre, wäre er gestorben. Unsere Situation ist dringlich und Gottes Lösung ist drastisch und effektiv.

Ist Gott aus biblischer Sicht männlich oder enthält er auch weibliche Anteile?

Gott ist absolut und von ihm geht sowohl männlich wie weiblich hervor. Von der Bibel her wird uns gelehrt, Gott Vater zu nennen, aber an verschiedenen Stellen können wir sehen, dass er auch Mutter ist. Im Alten Testament sagt Gott: *„Ich will euch trösten, wie einen seine Mutter tröstet."* Im Neuen Testament sagt Jesus zu Jerusalem, dass er es versammeln will, wie eine Henne ihre Küken unter ihre Flügel nimmt. Gewöhnlich nennen wir Gott Vater, zum Teil wegen seiner Beziehung zu Jesus. Ebenso demonstrieren einige vorherrschende Eigenschaften Gottes, die er in der Geschichte gezeigt hat, dass er mächtig und gesetzgebend ist, was in die Richtung von Vaterschaft geht. Auch wenn es jedoch richtig wäre, zu Gott als dem Vater zu beten, wäre es nicht richtig, Gott als Ganzes nur als Vater zu betrachten, weil er größer als das ist.

Was ist nach deinem Verständnis der Unterschied zwischen Engeln und gefallenen Engeln?

Gott ist drei Personen und auf-andere-zentriert. Der Teufel ist eine Person und selbstzentriert. Aus diesem Grund sind die Engel, die Gott folgen, auf-andere-zentriert und die Engel, die dem Teufel folgen, selbstzentriert. Sie sind wie schwarze Löcher, die alles in sich einsaugen. Darum stehen der Teufel und gefallene Engel in einer Beziehung zu Menschen, die sie vereinnahmt und von ihnen Besitz ergreift. Auf der anderen Seite segnen die Engel Gottes Menschen und ermutigen sie, auf-andere-zentriert zu sein, zu lieben und die Wahrheit zu kennen.

Haben die Christen die Bibel auf gewisse Art falsch interpretiert, dass dies zu Missbrauch und Ausbeutung der Natur führt?

Ja. Ein Beispiel dafür wäre die „Weltflucht – Eschatologie". Dabei handelt es sich um den Glauben, dass Jesus am

Ende wiederkommen wird, uns an einen anderen Ort hinbringt und seine Schöpfung verbrennt und in einer Art himmlischen Raum nochmals neu beginnt. Ich glaube nicht, dass diese Ansicht von der Bibel gestützt wird, aber sie wurde von Christen geglaubt und hat zu einer utilitaristischen Einstellung geführt, in der man „die Schöpfung für unsere Zwecke benutzen soll, weil Gott sie hasst und sie sowieso irgendwann niederbrennen wird". Diese Einstellung ist einer der Hauptkritikpunkte, die New-Ager und Buddhisten den Christen entgegenhalten und diese Kritik ist gerechtfertigt.

Einige argumentieren, dass es leicht ist, die Bibel zu missbrauchen und misszuverstehen wegen ihrer Komplexität. Warum würde Gott ein so komplexes Dokument verfassen, um seine Wahrheit zum Ausdruck zu bringen? Warum nicht etwas Einfacheres kreieren?

Gott ist komplex und sein Ebenbild ist komplex. Eine einfache Ausdrucksform der Wahrheit wäre reduziert, unzureichend und unangemessen. Es gibt eine Grenze in Bezug auf die Einfachheit, die es in der Beziehung zwischen Gott und uns geben kann. Wenn es zu einfach wäre, dann würden Menschen wie Marionetten oder Automaten sein. Es muss Raum zum Denken und zum Sich-Entscheiden geben. Gott ist nicht automatisch und so kann sein Ebenbild nicht automatisch sein. Mit der Bibel ist es nicht anders wie mit anderen Dingen des Lebens – wie der Ehe zum Beispiel. Ehe ist komplex, schwierig zu verstehen und anfällig für Missbrauch, aber das bedeutet nicht, dass wir sie abschaffen oder vermeiden sollen. Die Tatsache, dass die Bibel komplex ist und Menschen sie absichtlich oder unabsichtlich missbrauchen, zeigt mir nicht, dass sie falsch ist. Es zeigt mir, wie realistisch die Bibel ist.

Ist Erlösung für Menschen aus anderen Religionen als dem Christentum, oder für Menschen ohne Religion möglich?

Ja, aber nicht weil alles wahr ist, sondern weil Gott die Ewigkeit in die Herzen der Menschen legt. Uns wird verheißen, dass wir ihn finden, wenn wir ihn mit unserem ganzen Herzen suchen. Ebenso trifft das Umgekehrte zu. Viele Leute, die sich als Christen identifizieren, sind weit entfernt vom Christentum. Du kannst in viele Kirchen gehen und dabei Menschen vorfinden, die keine Christen sind. Du wirst Eifersucht, Stolz, Manipulation, Gier, ökologisch unvernünftige Ideen und alle Arten von Problemen vorfinden. Wir sind von Jesus dazu berufen, seine Botschafter zu sein, seine Realität in unseren Beziehungen mit anderen zu demonstrieren. Aber wir versagen. Dieses Versagen bedeutet nicht, dass keiner von uns erlöst werden kann. Ich kenne viele Missionare und habe erstaunliche Geschichten darüber gehört, wie Menschen gerettet wurden, ohne einen Christen getroffen zu haben. Also ja, ich denke dass Menschen, falls sie es ehrlich meinen, auch ohne die Bibel oder die Kirche ihr Bedürfnis nach Gott erkennen können. Sie können arm im Geist werden – diese Art Menschen nennt Jesus gesegnet. Falls sie es ehrlich meinen, werden sie zu Gott rufen und Gott wird antworten. Das ist eine persönliche, individuelle Angelegenheit und nicht eine Angelegenheit von Religiosität, Rasse oder Kultur.

Willst du damit sagen, dass Menschen ohne Jesus gerettet sein können?

Nein, ich meine damit nicht, dass sie ohne Jesus gerettet sein können, aber sie können außerhalb der kulturellen Tradition der Kirche gerettet sein. Gott kann zu ihnen direkt kommen. Ich bin Menschen begegnet, die durch eine Vision Christen wurden. Ich kannte eine Missionarin, die nach Indonesien ging und mit Übersetzern in ein entlegenes Tal kam. Die Menschen dort hatten noch nie einen Fremden zu Gesicht bekommen. Sie sagte zu ihnen: „Ich bin gekommen, um euch vom Lamm Gottes zu erzählen, das kam, um die Sünden der Welt wegzunehmen." Sie sagten: „Davon wissen wir bereits." Sie fragte: „Von wem?"

Die Menschen erzählten daraufhin die Geschichte eines in der Zwischenzeit verstorbenen Mannes, der Richter dieses einen Stammes war. Für lange Zeit stand dieser Mann offensichtlich Todesängste aus, denn obwohl er der Richter über andere war, gab es niemanden, der über *ihn* richtete. Damit konnte er nicht leben. Er schrie auf und eines Tages sah er eine Vision von einem Lamm, das geschlachtet wurde. Es war eine Vision des Heiligen Johannes in der Apokalypse und er verstand, dass der Schöpfer starb, um ihn gerecht und recht zu machen, und dann glaubte er. Er hatte nie das Wort *Jesus* gehört, aber er glaubte an Jesus und er lehrte sein Volk gemäss seines Verständnisses. Manchmal geschieht das so. Das bedeutet nicht, dass wir den Menschen nicht davon erzählen sollen. Wir haben die Verantwortung, das zu tun, was wir können. Aber wir müssen auch nicht in der Verzweiflung leben und denken, Gott sei grausam und unfair, wegen der Menschen, denen wir nicht begegnen können.

Wie können Christen eine bessere Verbindung zu den Menschen des ersten und zweiten Kreises herstellen?

Das ist eine gute Frage, denn die meisten Menschen der Welt sind Monisten oder Dualisten der einen oder anderen Art. Wenn du Christ bist, besteht eine grosse Chance, dass du einen Monist oder Dualist als Nachbarn hast. Christen wissen, dass sie ihren Nächsten lieben sollen. Um jemanden zu lieben, musst du ihn verstehen, denn Liebe ist kein Gefühl. Liebe ist eine Beziehung zu anderen Menschen, die Verständnis, Kommunikation und Unterstützung beinhaltet. Und Liebe ist nicht debattieren und streiten. Wenn ich alles weiß und jede Debatte gewinne, aber keine Liebe habe, dann ist alles Müll. Wir müssen Menschen verstehen, um sie zu lieben, und nur dann kann Logik und Diskussion wirklich wertvoll sein. Es hilft auch, sich daran zu erinnern, was Christen und Nicht-Christen gemeinsam haben. Gott machte mich zum Christen, aber zuvor schuf er mich als Mensch. Als ich Christ wurde, habe ich nicht aufgehört Mensch zu sein. Als Christ habe ich viele Dinge nicht mit anderen Menschen gemeinsam. Auf der Ebene, dass ich Mensch bin, gibt es jedoch viele Dinge, die ich mit anderen Menschen gemeinsam habe. Etwas was ich noch hinzufügen will ist, wie wichtig es ist, anderen Menschen zuzuhören und tiefe menschliche Fragen zu stellen. Was bedeutet es, Mensch zu sein? Wie kennen wir uns selbst? Welche Bedeutung und Bestimmung habe ich? Wie kann ich mit meiner Schuld fertig werden? Mit diesen Fragen kämpft jeder. Die Christen unter uns wissen, dass die Antwort *Jesus* ist. *Aber was sind die Fragen?* Hier müssen wir mit den Menschen arbeiten und sie segnen. Wir dürfen den Leuten nicht sagen: „Es ist mir egal, welche Fragen du hast, glaube an Jesus, er ist die Antwort." Das hat nichts mit Liebe zu tun. Du verkaufst nur etwas. Wir müssen fragen: „Welche Fragen hast du?" Anschließend können wir hoffentlich sagen: „Ja, das sind auch meine Fragen! Wir sind Menschen. Wir leben in einer komplizierten Welt." Dann können wir damit anfangen, die Antworten zu entdecken.

Du betonst, wie wichtig es ist, Fragen zu stellen. Wo werden wir in der Bibel ermutigt, Fragen zu stellen oder Wissbegier zu zeigen?

Gott lädt uns dazu ein, mit ihm zu argumentieren. Man sieht dies an verschiedenen Stellen. In Jesaja 1,18 sagt Gott: *„Kommt her, lasst uns prüfen, wer von uns recht hat, ihr oder ich!"* Im ersten Buch Mose evangelisiert Gott Adam durch eine Reihe von Fragen: *Wo bist du? Wer hat dir das gesagt? Hast du gegessen?* Wenn dies Gottes Evangelisationsmethode ist, wäre es weise von uns, das durch gegenseitiges Fragenstellen nachzuahmen. Auch denke ich, dass das Fragenstellen einer der Gründe ist, warum Jesus will, dass wir wie kleine Kinder sind. Wie viele von euch haben jemals Kinder gekannt, die keine Fragen stellen? Diese Art Kinder existiert nicht. Es ist ihre Aufgabe, Fragen zu stellen. Gott möchte nicht, dass wir aufhören zu denken. Er möchte, dass wir fragen, dass wir alles prüfen – es berühren, es fühlen, es drücken.

Oft besuchen Nicht-Christen deine Gesprächsrunden. Welche Sichtweisen bringen sie ein?

Ich finde, dass Nicht-Christen oft eine frischere Perspektive mitbringen als Christen. Ich denke das kommt daher, dass Nicht-Christen nicht vom gleichen kulturellen, traditionellen, religiösen Raster herkommen. Ihre Fragen werden nicht in religiösem Jargon ausgedrückt, sondern meistens in gewöhnlichem Englisch, Deutsch, Russisch und so weiter. Wenn ein Christ eine Frage stellt, erwartet er, dass sie im Kontext der christlichen Weltanschauung und christlich traditioneller und kultureller Erfahrung beantwortet wird. Das ist aber nicht die ganze menschliche Realität. Die Fragen, die mir von Christen gestellt werden, sind ziemlich vorhersehbar. Nicht-Christen haben die Tendenz, weniger berechenbar zu sein. Das hält deinen Adrenalinspiegel hoch und dich selbst wach. Das gefällt mir.

Wie sehen die besonderen Herausforderungen für Christen aus, wenn es ums Fragenstellen geht?

Ich denke eine Schwierigkeit bei wiedergeborenen Christen ist, dass sie wissen, sie sind in den Frieden Gottes hinein wiedergeboren. Aber sie denken, dass dieser Frieden das Fehlen von Konflikten bedeutet. Aber die Bibel meint das nicht, wenn sie von *Frieden* spricht. Sie meint damit *Shalom*, was eine Grundlage für Wohlergehen und für das Verstehen der Realität ist. Er ist die Grundlage, auf der man Konflikte austrägt und Fragen stellt. Und auf der man bekennt, nicht zu wissen und mehr wissen zu müssen. Viele Christen sind passiv und selbstgefällig in ihrem Glauben und vergessen, dass das Wort *Israel* bedeutet: *Der mit Gott ringt*.

Erweckt nicht das Fragenstellen den Eindruck von Zweifel und Unsicherheit, die wiederum die Schwächung des Glaubens zur Folge haben?

Fragen zu stellen macht es einfacher im Glauben, an den Dingen festzuhalten, an die wir laut Bibel glauben sollen. Wenn wir nie im Zweifel Dinge in Frage stellen, werden wir nie in unserem Verständnis wachsen. Die Bibel möchte, dass wir an einen persönlichen Gott und unsere persönliche Beziehung zu ihm glauben. Die Bibel möchte, dass wir die Fragen anderer Menschen aufnehmen und dass wir unsere eigenen Fragen zur Realität stellen. Keine Fragen zu stellen bedeutet, dass unser Glaube schwach ist. Es bedeutet, wir vertrauen Gott nicht, dass er uns in Prozessen von Krise und Verwirrung stützen kann. Es gibt kein Wachstum ohne das Stellen von Fragen. In den Versen fünf bis sieben des vierten Kapitels der Sprüche werden wir aufgefordert, *Weisheit zu erlangen*. Das bedeutet, dass wir diese noch nicht haben. Ein Weg, sie zu bekommen, ist durch das Stellen von Fragen.

Wie reagiert Deine jetzige Kirchgemeinde auf Deine Fragen?

Langsam, aber positiv. Viele der Fragen, die ich in der Bibel und zur Bibel finde sind Fragen betreffend Paradigmenwechsel. Die meisten Leute brauchen viel Zeit, bis sie mit dieser Art Fragen zurechtkommen und es erfordert immer wieder behutsame Wiederholung.

Wie kann man lernen, bessere Fragen zu stellen?

Auf vielerlei Weise. Lies Bücher, die Fragen stellen. Lies Romane und schau Filme, die Fragen stellen und denke über die biblischen Antworten nach. Erkenne, dass manche Antworten nicht sauber verschnürt sind. Denke Dinge durch, bis hinunter zum Grund und hinaus an die Ränder. Sei mutig und unerbittlich, wenn es darum geht, gefährliche Fragen zu stellen. Lass dich nicht von beängstigenden Fragen abschrecken. Stelle Fragen, für die du nicht bereits eine Antwort annimmst. Denk darüber nach, warum die Frage gestellt wird. Welchen Unterschied wird die Antwort in deinem Leben machen? Sind deine Fragen verbal verstümmelt, schreib sie auf. Der Prozess ist endlos. Du musst wach bleiben.

Warum bist Du ursprünglich Buddhist geworden?

Ich wuchs in einer christlichen Atmosphäre auf und stellte weiterhin absolute Fragen. Aber die Christen, die ich kannte, hatten kein Interesse an meinen Fragen. Sie sagten: „Stell keine Fragen, glaube einfach. Werde wie ein kleines Kind und hab Glauben ohne Fragen zu stellen." Das machte für mich keinen Sinn. Erst später wurde mir klar, dass, wenn Jesus uns sagt, wir sollen wie kleine Kinder werden, er eigentlich will, dass wir fragen, nachforschen und erkunden. Aufgrund meiner frühen Unzufriedenheit mit dem Christentum stöberte ich in verschiedenen Philosophien und Religionen herum und probierte einiges aus. Ich war in der Rosenkreuzer Gesellschaft, bei den Bahai, bei der Self-Realization Fellowship von Paramahansa Yogananda und anderen Gruppen.

Ich habe mich dann auf Zen Buddhismus festgelegt, weil er sehr unreligiös ist. Zen Buddhisten sind an Absoluten interessiert und auch ich war an Absoluten interessiert. Ich schätzte auch die Tatsache sehr, dass sie die einzige Gruppe waren, die ich kannte, die keinen Schmuck verkauft.

Wie wurdest Du Christ?

Darauf gibt es verschiedene zutreffende Antworten. Eine davon ist: durch freien Willen. Eine andere Antwort ist: durch das souveräne Wirken des Heiligen Geistes. Eine korrekte Antwort muss beides beinhalten: Ich wähle und Gott wählt. In Bezug auf die Details meiner Wahl denke ich an einige konkrete Gründe. Zu den wichtigsten zählte die Erkenntnis, dass es weniger Glauben braucht an das Christentum zu glauben, als an irgendetwas anderes. Meiner Meinung nach braucht es mehr Glauben, um an den Humanismus zu glauben. Ich kenne Menschen, die glauben, dass der Mensch von Grund auf gut ist. Und ich denke, wow, was für ein großer Glaube! Sie glauben das, entgegen aller Indizien. Solch ein starker Glaube! Ich möchte keinen solchen Glauben haben. Zuviel Glaube ist destruktiv. Ich möchte einen kleinen

Glauben an eine große Wahrheit haben. Ich möchte keinen großen Glauben an eine falsche Idee haben. Der Mensch kann alles glauben. Der Mensch kann glauben, dass die Welt flach ist, und er kann das so fest glauben, dass er bereit ist, dafür zu töten. Aber der Glaube, dass die Welt flach ist, macht die Welt noch lange nicht flach. Mein Glaube, dass Jesus Gott und Herr ist, macht ihn nicht zum Gott und Herren. Wenn er Gott und Herr ist, dann ist er das, unabhängig davon ob ich an ihn glaube. Während meiner Suche war das wichtig für mich – eine Wahrheit, die von meinem Glauben unabhängig war – und das unabhängigste Verständnis fand ich in der biblischen Weltanschauung. Auch während ich das Christentum studierte, stellte ich viele Fragen. Ich hatte wochenlang eine Denkschleife in meinem Kopf. Ich habe einmal in der englischen Operette *Der Mikado* gesungen und eine Textzeile lautete „Wer bist du, der diese Frage stellt?" Während ich nachforschte, hatte ich ständig diese Textzeile in meinem Kopf und dachte, vielleicht sollte ich dem meine Aufmerksamkeit widmen. Dann dachte ich, ich stelle all diese Fragen, aber wer fragt? Ich merkte, dass die buddhistische Antwort wäre: *Fragen ist*. Aber die christliche Antwort ist: *ich frage*. Das kam meiner eigentlichen Erfahrung meiner selbst näher. Ich stellte mein Leben lang Fragen. Das war also ein weiterer Grund, warum der christliche Glaube für mich Sinn machte. Ich hatte aber nicht die Kämpfe, die die meisten anderen Menschen haben. Viele Leute kämpfen mit Schuld oder der Verleugnung von Schuld, oder sie haben Mühe mit der Existenz des Übernatürlichen. Einige sind

Naturalisten, wie viele Wissenschaftler oder Ingenieure, die glauben etwas existiert nicht, wenn sie es nicht messen und in Zahlen ausdrücken können. Ich aber hatte diese Schwierigkeiten nicht. Ich war schon mein ganzes Leben lang jemand, der an das Übernatürliche glaubt.

Welche Schwierigkeiten hattest du denn?

Was für mich entscheidend war, war die personale Natur der Realität. Eine meiner Fragen war: Ist das Nicht-personale notwendigerweise sub-personal? Wäre es nicht möglich, dass es ein überpersonales Nicht-personales gibt, aus dem Persönlichkeit hervorgeht? Anders ausgedrückt, kann die menschliche Realität, die personal ist, aus einer absoluten Realität hervorgehen, die unpersonal ist, oder kann eine unpersonale absolute Realität nur in Dingen resultieren, die weniger als personal sind? Das war eine ernsthafte Frage für mich und es war sehr schwierig, einen Christen zu finden, der sie ernst nahm oder der überhaupt die Frage verstand. Im Buddhismus wäre die Antwort *Ja* – eine unpersonale absolute Realität kann, in der Illusion der Vielfalt, eine personale menschliche Realität verursachen. Aber die christliche Antwort ist *Nein* – nur eine personale absolute Realität kann eine personale menschliche Realität schaffen. Ich wollte wissen, warum Christen an ihre Antwort glauben und warum die Antwort der Buddhisten vielleicht nicht richtig ist. Der Herr musste mich zur L'Abri Gemeinschaft in die Schweiz führen, bevor ich überhaupt Menschen finden konnte, die meine Frage verstanden und mir helfen konnten. Aber das war mein eigener einzigartiger Kampf. Wir sind alle verschieden. Ich kann dir erzählen, wie ich Christ wurde, aber du kannst es nicht auf die gleiche Weise werden. Du musst es auf deine Weise werden. Du bist nicht ich. Du bist einzigartig. Du musst zu Gott kommen und er zu dir – auf eine Weise, die du intellektuell, emotionell und existentiell verstehst, in einer Art, wie ich sie vielleicht nicht verstehe. Laut Bibel ist deine Beziehung zu Gott wie eine Ehe. Christen sprechen oft davon, ihren Glauben zu teilen. Aber ich glaube nicht, dass ich meinen Glauben teilen kann. Ich denke, ich kann *den* Glauben – was von Christen geglaubt wird – teilen, aber ich kann genauso wenig meinen Glauben teilen, wie ich meine Ehe mit dir teilen kann. Ich lebe in einer Ehe und ich kann dir davon erzählen, aber ich kann sie nicht mit dir teilen. Ich habe einen Glauben an Jesus Christus und kann dir davon erzählen, aber ich kann ihn nicht mit dir teilen. Du musst deinen eigenen haben. Du kannst ihn nicht haben, indem du eine andere Person kopierst oder indem du ihn von deinen Eltern oder Großeltern erbst. Man kann also sagen, dass Gott keine Enkel hat. Er hat nur Kinder. Jeder muss direkt zu ihm gelangen.

Da du ja nun jemand bist, der stets Fragen über Weltanschauungen stellt, denkst du dass es möglich wäre, dass du eines Tages eine andere Antwort findest und den christlichen Glauben verwirfst?

Ich möchte darauf acht geben, dass mein Christsein nicht Fanatismus wird oder etwas, das ich glaube, weil ich es glaube. Falls jemand beweisen würde, dass die Gebeine Jesu gefunden worden sind, würde ich aufhören Christ zu sein, weil es sich damit als unwahr herausgestellt hat. Es gibt Teile meines Christseins, die ich genieße, aber ich würde sie für die Wahrheit opfern. Ich denke, man muss offen bleiben, aber zugleich treu und hingegeben. Du triffst vielleicht viele interessante Frauen, aber du solltest nur eine davon heiraten. Das bedeutet, du musst zu vielen Frauen nein und nur zu einer ja sagen. Wie ich schon sagte, die Beziehung zu Jesus ist mit einer Ehe zu vergleichen. Wenn du herausfinden würdest, dass deine Ehefrau ernsthafte Probleme hat, dass sie zuvor schon acht mal verheiratet war und neun Kinder hat, von denen du nichts weißt, wirst du die Situation vielleicht beenden. Auf ähnliche Weise würdest du durch eine fundamentale Krise gehen, wenn du entdeckst, dass Jesus eine Lüge ist. So weit ich mir das jetzt vorstellen kann, würde ich zum Zen Buddhismus zurückkehren. Allerdings muss die Unrichtigkeit des Christentums wirklich auf verschiedene Weisen ganz klar begründet sein, damit ich meinen Glauben aufgeben würde.

Begegnest du immer noch Menschen in der Kirche, die dir sagen: „Frage nicht, glaube einfach"?

Viel weniger – zum Teil, weil ich jetzt älter bin und die Leute höflich sein wollen. Zum Teil aber auch, weil ich Pastor einer Kirche bin, in der die Leute wissenschaftliche Nachforschungen betreiben. Ihre ganzen Karrieren drehen sich ums Fragenstellen.

Jedoch finde ich es interessant, dass viele Christen, die Wissenschaftler und Forscher sind, ihre wissenschaftliche Arbeit von ihrem religiösen Glauben trennen. Sie sagen, das eine ist Glauben, aber hier geht es um Wissen. Das ist schizophren. Ich denke nicht, dass das gesund ist. Das ist vielleicht daher so gebräuchlich, weil Aufteilen bedeutet, zu vereinfachen und Kontrolle zu haben und sich die Menschen dabei wohl fühlen. Aber ich ermutige immer dazu, Dinge zusammenzubringen. Alles gehört in Jesus zusammen. Wenn du die Bibel liest, solltest du nicht nur fragen: „Glaube ich das?" sondern auch: „Was bedeutet es?" Du wirst nie damit fertig, herauszufinden. Du musst wach bleiben. Du musst wie ein kleines Kind bleiben.

Deine offene Einstellung und Neugier sind für einen Pastor ungewöhnlich. Ist das ein Ergebnis deiner jahrelangen Ausübung des Buddhismus'?

Ich weiß nicht. Es gibt gewiss Dinge, die ich aus meiner Vergangenheit als Zen-Buddhist beibehalten habe, die gut sind. Dies sind nicht Dinge, die man nicht in der Bibel finden kann, aber sie wurden von Christen nicht besonders hervorgehoben. Hauptsächlich ist es der Gedanke, dass das Gewöhnliche wichtig ist. Im Zen sind die gewöhnlichen Dinge besonders und die besonderen Dinge gewöhnlich. Ich denke das ist biblisch, auch wenn Christen selbst dazu neigen, das Gewöhnliche zu ignorieren und die besonderen Dinge, die besonderen Erlebnisse, die besonderen Orte, die besondere Hardware höher zu bewerten. Im Buch *Prediger* werden wir dazu ermutigt, den Garten umzugraben, zu essen und Gott gegenüber dankbar zu sein. Das ist sehr gewöhnlich. Die Betonung des Gewöhnlichen in Zen beinhaltet auch die Wertschätzung der Schöpfung. Zen-Buddhisten wissen nicht, dass Gott sie geschaffen hat, aber sie wertschätzen sie. Einer der großartigen Sprüche des Zen ist: *Buddha ist ein Misthaufen.* Dies will sagen, dass du Buddha nicht kennst, wenn du ihn beim Arbeiten im Garten nicht im Misthaufen erkennst. Als Ergebnis davon neigen Zen Buddhisten nicht dazu, die Natur auszubeuten oder sie abzulehnen. Sie versuchen die Natur in die Buddha-Natur zu integrieren. Die Bibel weist uns Verantwortung für die Pflege der von Gott geliebten Schöpfung zu, aber die Christen nehmen sie manchmal nicht wahr.

Hast du eine Vorliebe für eine bestimmte Denomination?

Meine eigene persönliche Präferenz neigt zur Baptisten- und Brüdergemeinde. Jedoch kann ich großen Wert im Liturgischen sehen. Mir gefällt das. Ich erkenne eher den Wert im systematischen Ausleben der Heilsgeschichte Gottes und seines Wortes durch Symbole, Texte und Handlungen, als in einem planlosen „Wie-es-die-Gelegenheit-erfordert" oder „Wie-es-die-Laune-will" -Ansatz.

Gleichzeitig besteht die Gefahr, dass wir vielleicht beginnen, die Tradition der Liturgie selbst anzubeten. Auch haben viele Leute in liturgischen Kirchen wenig Ahnung davon, was all das bedeutet. Sie machen es, weil man es eben so macht. Sie machen es vielleicht aus einem Gefühl der Zugehörigkeit oder eines gesellschaftlichen Vorteils heraus, oder aus Gewohnheit. Jemand bezeichnete mal Liturgie als *Wahrheit, die hinter vielen sakralen Schleiern verborgen ist.* Ich denke, das mag für viele Menschen zutreffen.

Empfindest du den Schmerz des Lebens weniger schmerzhaft, weil du Christ bist?

Nein. Es ist hoffnungsvoller, aber ich erlebe nicht weniger Schmerz. Tatsächlich kann es mehr davon geben. Der Schmerz eines Christen ist nicht nur sein eigener Schmerz, sondern auch der der Welt, der Schmerz, den Christus für die Menschheit fühlt – nicht, dass ich verglichen mit anderen besonders sensibel darin wäre. Trotzdem denke ich, dass die Menschen im Leben als Christ, während sie ihren Weg gehen und das Rennen laufen, eher sensibler und nicht weniger sensibel werden. Das Leben wird intensiver, reicher, voller mit mehr Schmerz und mehr Freude.

Welches ist die wichtigste Antwort, die du von der Bibel erhalten hast?

Die vier Kapitel des Philipperbriefes sind für mich sehr kostbar. Paulus sagt uns hier, dass wir uns um nichts sorgen sollen, aber in allem, in allen Umständen unseres Lebens sollen wir in Gebet und Flehen unsere Anliegen vor Gott bringen. Verbirg nichts vor Gott. Bringe ihm alles. Berichte ihm deine Sichtweise. Sage ihm, was du möchtest. Du bist nicht Gott, du siehst nicht auf perfekte Weise, aber sag ihm was du möchtest. Finde heraus, wie du die Dinge siehst und was aus deiner Sicht gut wäre und sage es dann Gott. Nun, wenn du das tust, besteht das Versprechen ausdrücklich nicht darin, dass Gott dir das gibt was du erbittest. Das wäre ein fürchterlicher Fluch. Einer der schlimmsten Wünsche, die man für jemand anderen haben kann ist, „mögest du bekommen, was du dir wünscht." Derjenige würde sicher zerstört werden. So sagt Gott nicht, dass er uns gibt was wir möchten. Das Versprechen lautet, dass er uns bewahrt. *Der Friede Gottes, der alle Vernunft übersteigt, wird unsere Herzen und Sinne bewahren, durch Jesus Christus.* So lautet das Versprechen. Wie wird das Versprechen in den Einzelheiten umgesetzt? Es gibt unendlich viele Möglichkeiten. Wir wissen nicht, wie das Einlösen dieses Versprechens von Person zu Person oder Umstand zu Umstand aussehen wird. Wir kennen nicht die Einzelheiten. Wir kennen nur die Sicherheit, dass Gott uns bewahrt und uns nie loslässt. Wenn wir also Situationen erleben, die schmerzhaft, ärgerlich, verwirrend, unangenehm, bedrohlich sind und wir uns fragen, ob Gott uns bewahrt...?

Dann können wir sicher sein, die Antwort ist immer JA.

Portrait des Autors von Andrzej Bednarczyk, Professor für Malerei an der Akademia Sztuk Pieknych in Krakau, Polen. Gezeichnet während eines Unterrichtes in Kazimierz, 1991.

Tiefer Dank an:

Peco Gaskovski,
unser Redakteur, der meiner
niedergeschriebenen Stimme mit seinen
reichen Gaben und enormen Arbeit Form,
Ordnung und Farbe verlieh.

Katharine Wolff,
unsere Grafikerin, die mir zeigte, was ein
Buch schön macht und wie man das macht.

Ralph McCall,
unser Verleger, der den Entstehungsprozess
überblickte und mich hindurchführte.

Marsh Moyle,
dessen kritisches Lesen des ersten
Entwurfes einige wichtige Veränderungen
anregte.

Lillian Myers,
die vieles von diesem Material zuerst in
Artikelform bearbeitete und veröffentlichte.

Ruth Gaskovski,
die niederschrieb und Korrektur las und
vorschlug und ermutigte.

Der Übersetzer dankt:
Alexandra Hadersberger, Marie Hadersberger, Franz Eberle und Eberhard Weiss für ihre Korrekturvorschläge und Änderungsanregungen.

Weiterer Dank an:
Daniel Ellenberger für seine Korrekturlesung der deutschen Übersetzung.

Destinée Media hat zum Ziel, eine frische Perspektive in Leben, Kultur und Weltanschauung zu bringen. Dieses erste Buch einer Reihe gründet sich auf Unterrichtseinheiten von Ellis Potter.

o o o